DELIUS KLASING

Peter White

MOTORBOOT FAHREN

DAS EINSTEIGERBUCH

Delius Klasing Verlag

Für ihre Mitarbeit ist zu danken: Tim Goodhead, Bas Messenger, Bill Mitchell, Robin Nicols, Melanie Waite und den Firmen Fletcher Boats, Zodiac, Crewsaver und der Royal Yachting Association.
Das Buch ist meiner Frau, Hilary Clair, gewidmet. Es war ihre Idee. Ihr Ansporn und ihr Enthusiasmus begleiteten mich während meiner Arbeit daran.

Titel der englischen Originalausgabe:
Powerboating. A Guide to Sportsboat Handling

Erschienen 1991 bei Fernhurst Books, Arundel, West Sussex

Deutsche Bearbeitung: Ramon Gliewe, Hamburg

Die Deutsche Bibliothek – CIP-Einheitsaufnahme

White, Peter:
Motorbootfahren: das Einsteigerbuch / Peter White.
[Aus dem Engl. von Aloys von Hammel]. – 1. Aufl. – Bielefeld
Delius Klasing, 2001
(Praxiswissen)
Einheitssacht.: Powerboating <dt.>
ISBN 3-7688-1259-6

3. Auflage
ISBN 3-7688-1259-6

Umschlaggestaltung: Ekkehard Schonart
Zeichnungen: John Woodward, Ekkehard Schonart
Fotos: boote/Archiv S. 9, 10, 12, 13, 54, 66, 68, 69, 73;
boote/Rio S. 102; boote/Windy S. 127; Werner Deisenroth S. 40; Gliewe/Archiv S.20;
Günther Lamek S. 21, 26, 90, 93; Gerd Lindemann S. 61 o; Harald Mertes S. 121;
Motor Boat & Yachting S. 134; Abi Schmidt S. 6; Harald Schwarzlose S. 109;
Sports Boat S. 7, 14, 55; Peter White S. 58, 103; alle übrigen: John Woodward
Titelfoto: boote, Hamburg
Druck: Paderborner Druckcentrum, Paderborn
Printed in Germany 2001

Delius Klasing Verlag, Siekerwall 21, D-33602 Bielefeld
Tel.: 0521/559-0; Fax: 0521/559-113
e-mail: info@delius-klasing.de; http://www.delius-klasing.de

Inhalt

Die Wahl des richtigen Bootes 6
Die Rumpfform 8
Schlauchboote 11
Wasserskiboote 14
Der Motor 15
Der Propeller 17
Der Trailer 18
Hinaus aufs Wasser 20
Zugang zu den Gewässern 22
Wetterinformationen 23
Ab- und Aufslippen mit dem Trailer .. 26
Starten des Motors 34
Aufslippen 35
Der Bootstransport 38
Fahren mit dem Motorboot 40
Die Basismanöver 45
Begegnungen auf dem Wasser 51
In Gleitfahrt 54
Das Boot ins Gleiten bringen 56
Der Notstopp 59
Kurven bei hoher Geschwindigkeit . 60
Motortrimm 62
Wenn das Wasser rauh wird 65
Verkehrsregeln 69
Festmachen und ankern 73
Anlegen am Steg 77
Ankern 80
Tauwerk 86
Fahren im Strom 91
Fahren auf Binnenschiffahrtsstraßen . 93
Gebots-, Verbots- und Hinweisschilder 94
Fahrwassertonnen und Baken 97
Brücken, Wehre und Sperrungen .. 98
Schallsignale 100
Kennzeichnung und Flaggenführung 100
Bootsführerscheine 101
Mann über Bord 103
Das Motorboot als Helfer 109
Abschleppen 114
Windsurfer 117
Notzeichen 120
Probleme mit dem Motor 121
Fehlersuche beim Außenborder ... 122
Entlüftung eines Dieselmotors 125
Bergung eines Motors aus dem Wasser 125
Pflege und Wartung 127
Grundpflege von Außenbordern ... 128
Grundpflege von Einbaumotoren .. 130
Einfahren des Motors und erste Inspektion 130
Einwintern von Außenbordern 131
Auswintern 131
Einwintern von Einbau-Benzin- oder Dieselmotoren 132
Auswintern 134
Die Pflege von Kunststoffrümpfen . 134
Die Pflege von Schlauchbooten ... 135
Die Pflege des Trailers 136

Die Wahl des richtigen Bootes

Sie möchten also gerne ein eigenes Motorboot besitzen? Wahrscheinlich haben Sie sich bereits einmal auf einer Bootsausstellung umgesehen oder zumindest bei einem örtlichen Bootshändler. Vielleicht waren Sie zunächst etwas verwirrt über die Vielzahl der sehr verschiedenen Bootstypen. Vom Zweimann-Schlauchboot bis zum großen Kajütboot mit diversen Schlafplätzen und kompletter Kücheneinrichtung. Dazu die verschiedensten Motorisierungen: Außenbordmotor, Innenbordmotor oder gar Doppelmotorenanlagen. So unterschiedlich wie die Auf- und Einbauten sind auch die Bodenformen. Denn Motorboote werden für Binnengewässer und für die Seefahrt konstruiert, für gemächliche Verdrängerfahrt oder als spritzige Gleiter.

Um sich nicht zu verkaufen, sollte man sich vor dem ersten Bootskauf einige Fragen beantworten:

Wo wollen Sie fahren?

Das Revier spielt beim Bootskauf durchaus eine Rolle. Ist es ein Binnenrevier, beispielsweise eine relativ ruhige Seenplatte? Oder ein Fluß mit starker Strömung? Dann brauchen Sie ein stärker motorisiertes Boot, um dagegen anzukommen. Ist es ein rauheres Küstenrevier? Gibt es in Ihrem Revier Geschwindigkeitsbeschränkungen? Dann erscheint es wenig sinnvoll, sich einen schnellen Gleiter zu kaufen, den man nie ausfahren kann, dessen Motor aber durch die „Bummelfahrt“ schnell leidet. Oder wollen Sie Ihr Boot nur im Urlaub mit auf Reisen nehmen, während Sie in der übrigen Jahreszeit weder Zeit noch Gelegenheit haben, mit Ihrem Boot zu fahren? Da empfiehlt sich beispielsweise besonders ein Schlauchboot.

Wo soll das Boot liegen?

Haben Sie einen festen Liegeplatz in einem Bootshafen oder an einer Boje? Dann können Sie natürlich an ein etwas größeres Boot denken. Oder müssen Sie, wenn Sie nicht auf dem Wasser sind, Ihr Boot zu Hause auf dem Grundstück oder in der Garage parken? Da sind dann der Bootsgröße meistens enge Grenzen gesetzt.

Rasante Sprünge sind schon mal drin, bei einem solchen kleinen Zweimannboot, doch für etwas ausgedehntere Fahrten bietet es allzu wenig Fahrkomfort.

Wie groß soll das Boot sein?

So ein Kajütboot, vielleicht mit vier Schlafplätzen und allem erdenklichen Komfort, ist natürlich eine herrliche Sache. Daß es einen ständigen Liegeplatz auf dem Wasser erfordert, ist das eine. Daß man schon ein sicherer Fahrer sein muß, um ein solches Boot manövrieren zu können, ist das andere. Wenn man unterschiedliche Reviere befahren will, muß sich das Boot auf einem Trailer genannten Bootsanhänger transportieren lassen. Dadurch werden Größe und Gewicht stark eingeschränkt. Sie sind sogar erheblich von der Größe und dem Typ des ziehenden Pkw abhängig.

Vielleicht haben Sie gerade den Sportbootführerschein gemacht. Zwangsläufig sind Sie beim Manövrieren noch etwas unsicher, denn natürlich können Sie noch gar nicht die Erfahrung eines routinierten Motorbootskippers haben. Deshalb ist wahrscheinlich ein kleineres offenes Sportboot zunächst das Richtige für Sie. Es läßt sich leicht transportieren, unkompliziert zu Wasser bringen und notfalls, wenn's mit dem Manövrieren mal nicht so recht klappt, läßt es sich noch von Hand dorthin bugsieren, wo man es hin haben will. Und wenn's mal bummst, wird es erheblich kostspieliger, die tieferen Schrammen zu reparieren, die ein größeres, schwereres Boot abbekommt.

Die Rumpfform

Stromlinienförmige Decks, weiche Polstersitze und eine eindrucksvolle Farbgebung des Rumpfes bestechen zwar das Auge. Gewitzte Motorbootfahrer aber gehen auf einer Bootsausstellung in die Knie und beäugen die Rumpfform, das Unterwasserschiff. Es verrät sofort, ob das Boot als Verdränger oder als Gleiter konstruiert worden ist. Und einiges mehr.

Der Verdränger

Ein Verdränger hat ein rundliches Unterwasserschiff und einen größeren Tiefgang als ein Gleiter. Er pflügt gewissermaßen durchs Wasser. Seine Geschwindigkeit ist von der Länge des Bootes in seiner Wasserlinie abhängig. Man kann seine Geschwindigkeit sehr leicht nach einer einfachen Formel errechnen: Wurzel aus der Wasserlinienlänge in m x 4,5 = Geschwindigkeit in km/h. Schneller wird das Boot nicht, wieviel Motorkraft man auch hineinsteckt. Um aber diese sogenannte Rumpfgeschwindigkeit zu erreichen, sind nur wenige kW/PS erforderlich. Entsprechend wirtschaftlich fährt ein Verdränger.

Verdränger sind relativ unempfindlich gegen Zuladung und gegen vertrimmen durch Gepäck und Mitfahrer. Sie sind ideale Boote für gemächliche Wanderfahrten auf Revieren, auf denen Geschwindigkeitsbeschränkungen bestehen. Wenn allerdings das Hausrevier ein schnell fließender Fluß ist, muß das Boot noch schnell genug sein, um gegen den Strom anzukommen. Mit rauhem Wasser werden Verdränger im allgemeinen besser fertig als Gleiter.

Kleine, offene Boote gibt es kaum als Verdränger, denn Verdränger haben üblicherweise einen Einbaumotor, und der verlangt eine gewisse Bootsgröße.

Der Gleiter

Das Merkmal eines Gleiters ist ein, im Vergleich zum Verdränger, flacher Bootsboden. Mit dem schiebt er sich, bei entsprechender Geschwindigkeit, gewissermaßen auf die Wasseroberfläche und gleitet über sie hinweg. Seine Geschwindigkeit ist nicht von der Länge in der Wasserlinie abhängig, sondern von der Stärke der Motorisierung. Sie hat selbstredend ihre Grenzen, denn mit einer zu starken Maschine wird das Boot unkontrollierbar. Um jedoch

Ein typischer schwerer Verdränger. Deutlich ausgeprägt ist das tiefe Wellental zwischen Bug- und Heckwelle, das den Verdränger gefangen hält.

überhaupt ins Gleiten zu kommen, braucht das Boot einen wesentlich stärkeren Motor als ein vergleichbarer Verdränger. Der Motor kann unter Umständen mehr kosten als das Boot. Und entsprechend höher ist auch der Spritverbrauch.

Frühere Gleiter hatten einen fast brettflachen Boden. Sie waren außerordentlich schnell, schlugen aber sehr hart, schon bei kleinsten Wellen. Sie werden vereinzelt noch auf glatten Binnenrevieren gefahren. Es folgten die als „tiefes V“ bezeichneten, von vorne nach hinten durchgehend stark V-förmigen Rümpfe. Sie glitten nicht ganz so gut, fuhren aber weicher, brauchten jedoch auch eine stärkere Motorisierung als die flachen Böden. Sie werden noch vereinzelt für die Seefahrt gebaut.

Das sportliche, rasante kleine Außenborderboot mit vier, allerdings recht engen Sitzplätzen. Besser fährt man ein solches Boot nur zu zweit.

Das Innenborderboot. Unter der großen „Sonnenliege" verbirgt sich der Motorkasten für den Einbaumotor.

Ein guter Kompromiß ist der modifizierte V-Boden, wie ihn heute die meisten Gleitboote haben, manchmal mehr, manchmal weniger gelungen. Den Winkel des Bootsbodens gegenüber der Waagerechten bezeichnet man als Aufkimmung. Ein guter Gleiterboden hat im Bugbereich eine Aufkimmung von etwa 45°, die sich zum Heck hin auf 22° bis 15° abflacht. Mit einem so geformten Boden wird man stets ein vernünftig laufendes Boot bekommen. Das gilt für kleine und große Gleitboote gleichermaßen. Der Bug schneidet sauber die Wellen an, der Boden sorgt für ein einigermaßen weiches Einsetzen in die Wellen. Feine Unterschiede in den Fahreigenschaften ergeben sich durch den Verlauf der Abflachung des Aufkimmungswinkels. Darin zeigt sich das Können einzelner Konstrukteure oder Bootsbauer.

Gleitboote müssen relativ leicht sein, umso weniger Motorkraft brauchen sie, um ins Gleiten zu kommen. Entsprechend empfindlich reagieren sie aber auch auf Zuladung. Ein zu schwer beladener oder vertrimmter Gleiter – alle Gewichte hinten – kommt womöglich überhaupt nicht mehr ins Gleiten, sondern fährt nur noch unwirtschaftlich als Verdränger.

Kleine, offene Gleitboote sind fast ausschließlich mit Außenbordmotoren bestückt, größere auch mit sogenannten Z-Trieben. Das sind Einbaumotoren mit einem durch den Spiegel geführten „Bein", einem Schaft, der in seinen Innereien dem Außenborderschaft gleicht. Man manövriert mit einem Z-Trieb auch genauso wie mit einem Außenbordmotor. Für manche Boote hat man die Wahl zwischen einem Außenborder oder einem Z-Trieb. Weil ein Außenborder leichter ist, kommt das damit motorisierte Boot mit weniger kW/PS und entsprechend auch etwas weniger Sprit aus und ist unter Umständen trotzdem etwas schneller.

Schlauchboote

Bei den bisherigen Betrachtungen war stets von einem „Festboot" ausgegangen, einem Boot mit einem starren Rumpf. Praktisch sind alle modernen Motorboote aus glasfaserverstärktem Kunststoff, kurz GFK genannt. Holz- oder, noch seltener, Aluminiumboote führen nur ein Nischendasein. Eine echte Alternative zu den Festbooten bieten Schlauchboote. Nicht zu verwechseln mit den Badebooten, in denen Kinder fröhlich vor Urlaubsstränden einherpaddeln. Sportschlauchboote aus hochfestem beschichtetem Gewebe mit V-förmigen Böden sind vollwertige Gleiter.

Schlauchboot oder Festboot ist fast so etwas wie eine Weltanschauung unter Motorbootfahrern. Kaum einer wechselt jemals ins andere „Lager". Schlauchboote haben verschiedene Vorteile: Die luftgefüllten Schläuche sind in Kammern unterteilt. Dadurch sind Schlauchboote absolut unsinkbar, selbst wenn einmal mehrere Kammern beschädigt werden sollten. Sie sind nicht so trimmempfindlich wie Festboote und können auch eine größere Zuladung verkraften. Sie sind leichter als ein vergleichbares Festboot und lassen sich dementsprechend leichter transportieren und zu Wasser bringen. Auch die Motorisierung kann schwächer sein. Es gibt kein Problem mit der Lagerung. Entlüftet finden Haut und die wenigen starren Teile auf dem Hausboden oder im Keller Platz.

Schlauchboote sind ideal, um sie in den Urlaub mitzunehmen. Nur in den Kofferraum – wie Verkäufer gerne behaupten – passen sie nicht. Es sei denn, man würde auf jegliches Urlaubsgepäck verzichten. Der Motor müßte bereits in den Fond gepackt werden. Ein kleines Zweimann-Schlauchboot läßt sich eventuell noch auf dem Dachträger transportieren. Für ein

Ein qualitativ hochwertiges Sportschlauchboot. Wegen seiner Unsinkbarkeit sind mit Schlauchbooten bereits regelrechte Seereisen unternommen worden.

Ein halbstarres Schlauchboot. Deutlich zu erkennen ist der V-förmige Kunststoffboden, dem die Tragschläuche aufgesetzt sind.

größeres braucht man – genau wie für ein Festboot – einen Trailer.

Gewissermaßen ein Mischling aus Schlauch- und Festboot ist das **halbstarre Boot**. Es hat einen festen Rumpf aus GFK oder Aluminium mit aufgesetzten Schläuchen. Es vereinigt in sich die besseren Fahreigenschaften eines Festbootes mit der Unsinkbarkeit des Schlauchbootes. Deshalb werden Boote dieses Typs gerne von Rettungsdiensten und Wasserwacht eingesetzt. Man kann mit ihnen, ohne sich Kratzer einzuhandeln, an anderen Booten längsseits gehen oder sich Menschen im Wasser nähern und sie relativ leicht über die breiten Schläuche an Bord ziehen.

Die starre Bodensektion erlaubt, stärkere Motoren zu fahren oder sogar zwei Außenborder an den Spiegel zu hängen. Die Halbstarren sind auch nicht so spritzwasserfreudig wie die reinen Schlauchboote. Nur zusammengefaltet verpacken kann man sie nicht mehr, wenn die Luft abgelassen ist.

Besondere Rumpfformen

Immer wieder experimentieren Konstrukteure mit Bodenformen, um Motorboote noch schneller zu machen – dies gilt natürlich vornehmlich für Rennboote – oder um sie für spezielle Einsatzzwecke zu empfehlen. Der sogenannte Kathedralrumpf erfreute sich längere Zeit größeren Anklangs, wird heute aber kaum noch gebaut. Der Boden besteht aus einer bis vorne durchlaufenden Mittelkufe und zwei kürzeren Seitenkufen. Von der Reduzierung der vom Wasser „benetzten“ Bodenfläche versprach man sich mehr Geschwindigkeit. Die Fahreigenschaften aber erfüllten die in den Kathedralrumpf gesetzten Erwartungen nicht ganz.

Der Dory-Typ hat zwei seitliche Kufen. Man spricht in dem Fall auch von einem katamaran-

Ein Dory. Sie eignen sich hervorragend als Arbeitsboote, denn sie sind geräumig, haben eine große Querstabilität und verkraften viel Zuladung.

artigen Rumpf. Er hat eine größere Seitenstabilität als der etwas labile V-Rumpf. Dories wurden speziell als leichte Arbeitsboote entwickelt und sind deshalb auch vollständig offen, haben also kein Vordeck. Sie sind kaum trimmempfindlich und verkraften eine größere Zuladung. Wegen ihrer hohen Seitenstabilität sind sie bei Tauchern sehr beliebt, die mit ihren schweren Preßluftflaschen über die Seite abtauchen und zurück an Bord klettern müssen.

Dories sind im Prinzip Gleitboote und, bei einer guten Bodenkonstruktion, ebenso schnell wie ein normaler Gleiter. Sie lassen sich aber, mit schwacher Motorisierung, auch sehr gut als Verdränger fahren.

Wasserskiboote

Für so manchen wird Motorbootfahren erst durch Wasserskilaufen zum reinsten Vergnügen. Zum Wasserskischlepp eignet sich nahezu jedes Gleitboot. Mehr oder minder. Die untere Grenze liegt bei etwa 3,60 m Bootslänge, die Obergrenze bei ungefähr 7,30 m, weil längere Boot zu schwerfällig manövrieren. Die beste Länge eines Zugbootes für gelegentlichen

Ein speziell konstruiertes Wasserskiboot mit einem rückgestellten Beifahrersitz und einem Zugmast in der Cockpitmitte.

Wasserskilauf liegt bei 4,80 m. Das Boot sollte aber mindestens 25 km/h erreichen. 35 km/h sind das Tempo, bei dem für einen Hobbyläufer echter Spaß aufkommt.

Für den anspruchsvollen Wasserskilauf gibt es speziell konstruierte Zugboote. Erstrebenswert ist ein möglichst flaches Kielwasser, also wenig V-Form im hinteren Bodenbereich, aber dennoch gute Kurvenstabilität. Die braucht man dringend, damit die Schwünge des Läufers das Heck nicht aus der Spur reißen. Zudem sollte das Kielwasser nicht zu weit auseinanderlaufen und die Kämme der aufgeworfenen Wellen sollten möglichst flach sein.
Professionelle Zugboote haben mittschiffs installierte Einbaumotoren mit einer starren Propellerwelle. Das ergibt eine ausgewogene Trimmlage beim Schlepp. Die starre Propellerwelle mit einem dahinter sitzenden Ruder erzeugt ein glatteres mittleres Kielwasser als der Schaft eines Außenborders oder Z-Triebes. Das Boot muß innerhalb von 10 Sekunden nach dem Start im Gleiten sein, damit der Läufer schnell auf die Beine kommt. Außerdem läuft die Heckwelle entsprechend schnell flach aus. Der Läufer kann sich sofort tatsächlich aufs Laufen konzentrieren und muß nicht erst angestrengt die steilen Verdrängerwellen abreiten. Das erreicht man mit Motoren von etwa 103 kW (140 PS) an aufwärts.

Natürlich braucht man etwas, um die Schleppleine daran zu befestigen. Spezielle Zugboote haben einen ungefähr 1 m hohen Zugmast. Bei anderen Booten sollten sich die Zugkräfte auf zwei Augbolzen im Spiegel verteilen können.

Außenborder sind für ein kleines Motorboot meist die einzig mögliche Motorisierung. Gut und regelmäßig gewartet, ist ihnen ein langes Leben beschieden.

Vorgeschrieben ist, daß ein Beifahrer im Boot sitzt, der den Läufer ständig im Auge behält. Manche Boote haben Sitze, die gedreht oder deren Lehnen umgestellt werden können. Wenn Sie häufiger Wasserski laufen wollen, sollten Sie sich unbedingt für ein solches Boot entscheiden. Außerdem sollte es ausreichend große Ablageräume für die Ski mit dem entsprechenden Geschirr haben. Entweder in der Seitenwegerung oder im Fußboden. Eine am Spiegel angebrachte Bade- oder Heckplattform macht es dem Läufer erheblich leichter, auf hochbordigeren Booten, wieder an Bord zu klettern.

Der Motor

Von zwei Ausnahmen abgesehen, sind sämtliche Außenborder Benzinmotoren. Die Diesel-Außenborder sind viel schwerer als vergleichbare Benziner und werden deshalb nicht an

Sportbooten, sondern nur an schweren Arbeitsbooten gefahren. Die meisten Außenborder sind Zweitakter, die mit einem Benzin/Öl-Gemisch laufen. Viertakt-Außenborder, die reines Benzin verbrennen, sind jedoch im Kommen. Sie sind zwar etwas schwerer als ein gleichstarker Zweitakter, haben aber einen niedrigeren Schadstoffausstoß, einen gleichmäßigeren Leerlauf und einen geringeren Spritverbrauch.

Die Palette der Außenborder reicht von 1,5 kW (2 PS) bis zu 205 kW (275 PS). Die schwächeren muß man von Hand, mit einem Starterseil, anreißen. Die größeren werden elektrisch gestartet. Alle kleineren Sportboote sind mit Außenbordern motorisiert. Sind sie aber auch richtig motorisiert? Manchmal werden Boot und Motor als ein Paket angeboten, und man kann davon ausgehen, daß sie zueinander passen. Häufiger muß man den Motor gesondert hinzu kaufen. Werden verschiedene PS-Klassen angeboten, sollten Sie sich auf keinen Fall für die stärkste entscheiden. Das Boot wird den Kraftprotz verkraften, ein noch etwas unsicherer Fahrer jedoch nicht. Ein übermotorisiertes Boot kann zu einem unkontrollierbaren Geschoß werden.

In einer Größenordnung ab ungefähr 5,00 m Länge hat man bei einigen Booten die Wahl zwischen einem Außenborder und einem Einbaumotor mit Z-Trieb. Meist wird die gesamte Motorenanlage kurz als Z-Trieb bezeichnet. In dieser Bootskategorie sind das ausschließlich Viertakt-Benzinmotoren. Dieselmotoren mit Z-Trieb gibt es erst auf den etwas größeren Motoryachten.

Dort hat man dann wieder die Wahl zwischen einem Z-Trieb und einem Einbaumotor (Benziner oder Diesel) mit starrer Propellerwelle und einem getrennten Ruder. Dies war die übliche Motorenanlage vor Erfindung des Z-Triebs, deshalb wird sie häufig auch als „konventioneller“ Antrieb bezeichnet. Heute findet man ihn, unter kleineren Motorbooten, nur noch auf Spezialkonstruktionen wie beispielsweise Wasserski-Zugbooten oder Arbeitsbooten.

Auf größeren Motoryachten sind Doppelmaschinen-Anlagen üblich. Mit ihnen läßt sich besser manövrieren.

Übermotorisiert – untermotorisiert

Beim Verdränger kann eigentlich nie etwas schiefgehen. Sie werden üblicherweise mit einem Motor angeboten, mit dem sie ihre sogenannte Rumpfgeschwindigkeit erreichen. Mehr ist aus ihnen nicht herauszuholen.

Wesentlich schwieriger wird die Motorenabstimmung für einen Gleiter. Ist er zu schwach motorisiert, kommt das Boot überhaupt nicht ins Gleiten, und der Motor wird immer in seinem Leistungsmaximum gefahren. Diese ständige Überlastung führt zu einem schnellen Verschleiß. Ein Gleiter sollte so stark motorisiert sein, daß er mit dreiviertel Gas gute Gleitfahrt macht. Das garantiert dem Motor, bei guter Wartung, eine lange Lebensdauer. Die richtige Gasstellung liest man am Drehzahlmesser ab.

Andererseits liebt es ein Außenborder, hin und wieder hart rangenommen, das heißt, voll ausgefahren zu werden. Muß er ständig mit zu niedriger Tourenzahl mühlen, weil das Boot in einem Gewässer mit Geschwindkeitsbeschränkung nur in Verdrängerfahrt laufen darf, ist ein schneller Verschleiß ebenfalls garantiert. Da sollte denn ein schwächerer Motor gewählt werden, der nur Schub für Verdrängerfahrt liefert.

Motoren werden nicht kaputtgefahren, sie stehen sich kaputt, lautet ein alter Werkstattspruch. Auch Motoren, die nicht hinlänglich bewegt werden, leiden. Nur ein Motor, der seiner Bestimmung gemäß auch beansprucht und in einer Fachwerkstatt vorschriftsmäßig gewartet wird, arbeitet stets zuverlässig. Andernfalls kann er – meist in einem völlig unpassenden Moment – plötzlich seine Arbeit einstellen.

Der Propeller

Propeller werden aus sehr unterschiedlichen Materialien gefertigt. An Außenbordern und kleineren Z-Trieben findet man meist Aluminiumpropeller, für kleinere Außenborder gibt es auch Kunststoffpropeller, für die großen solche aus Edelstahl. Aluminiumpropeller haben sich im alltäglichen Einsatz gut bewährt. Jeder Propellerspezialist kann sie reparieren. Sogar ein ganzer Flügel läßt sich ersetzen. Das ist meistens preiswerter als ein neuer Propeller.

Denn Beschädigungen während einer Bootssaison bleiben nicht aus. Ein Schlag gegen Steine oder ein anderes Unterwasserhindernis hinterläßt Scharten und Verformungen. Sie führen zu einer Unwucht, die wiederum zu einem ausgeschlagenen Wellenlager führen kann.

Außenborderpropeller haben gelegentlich zwei, überwiegend aber drei Flügel. Dreiflügler beschleunigen besser. An Z-Trieben findet man nur Dreiflügler.

Das Kriterium für einen Propeller sind zwei Faktoren: der Durchmesser und die Steigung. Der Durchmesser entspricht dem Kreis, den die Flügelspitzen beschreiben. Je größer der Durchmesser, umso größer der Schub eines Propellers. Bei Außenbordern und Z-Trieben ist der Durchmesser durch den Abstand zwischen Welle und Kavitationsplatte begrenzt.

Die Steigung kann man mit der Übersetzung eines Autogetriebes vergleichen. Beim Auto benutzt man bei großer Last, also beim Beschleunigen oder an einer Steigung, einen kleinen, beim schnellen Fahren einen großen Gang. Ähnlich ist es mit dem Boot. Bei Belastung braucht man eine kleine, für hohe

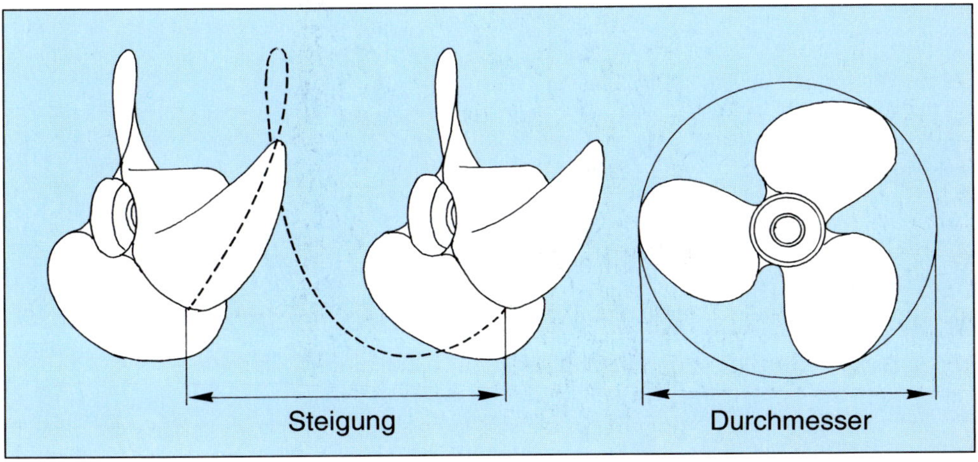

Geschwindigkeit eine große Steigung. Deshalb werden Sie meistens mit einem „Standardpropeller" allein nicht auskommen. Er ist normalerweise für ein ziemlich leeres und entsprechend leichtes Boot ausgelegt. Wundern Sie sich also nicht, wenn Ihr Boot, voll beladen mit Urlaubsgepäck und allen Familienangehörigen, plötzlich nicht mehr ins Gleiten kommt. Sie brauchen einen Propeller mit einer kleineren Steigung.

Der Trailer

Wenn man nicht gerade ein kleines Schlauchboot hat, das sich auf dem Autodach transportieren läßt, kommt man um den Kauf eines Trailers nicht herum. Trailer sind steuerfrei. Sie erhalten ein eigenes polizeiliches Kennzeichen und müssen regelmäßig zur TÜV-Unter-

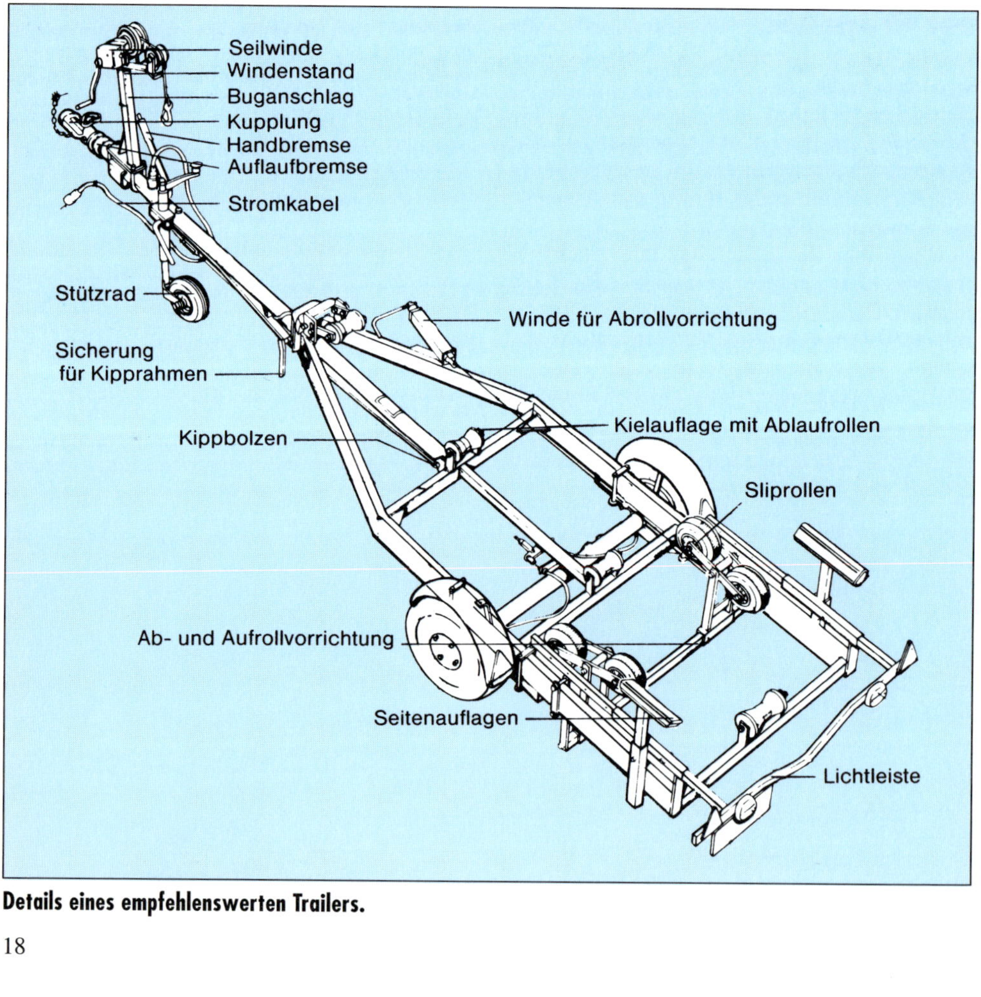

Details eines empfehlenswerten Trailers.

suchung. Der Trailer muß Brems-, Schluß- und Blinkleuchten, Rückstrahler und Nummernschildbeleuchtung haben und ein Typenschild des Herstellers.

Es gibt gebremste und kleinere ungebremste Trailer. Einachsige sind meist ungebremst. Zweiachsige müssen eine eigene Bremsvorrichtung haben mit Abreißsicherung. Sie betätigt die Handbremse des Trailers, wenn er sich während er Fahrt vom Zugwagen löst.

Die Tatsache, daß ein Trailer den TÜV-Segen hat, besagt noch nicht, daß er auch für Ihr Boot optimal konstruiert und ausgerüstet ist. Am besten fährt man, wenn der Händler das Boot gleich mit dem dazu passenden Trailer anbietet.

Schließlich muß der Trailer meistens auch ins Wasser. Eine absolut wasserdichte Radnabe gibt es kaum. Deshalb sollte man die Radlager nach der Saison in einer Fachwerkstatt checken lassen. Gleiches gilt für die Bremsen, Bremszüge oder Bremsgestänge.

Trailer mit Kipprahmen

Sehr empfehlenswert, besonders für etwas schwerere Boote, ist ein Kipprahmen: die gesamte Trailerauflage mit den Ablaufrollen läßt sich nach hinten abkippen. Der Trailer braucht nicht so weit, zumindest nicht mit den Radnaben, ins Wasser gefahren zu werden. Ist allerdings die Sliprampe zu flach, könnte das vom Trailer gleitende Boot mit dem Spiegel auf die Rampe schlagen.

Hinaus aufs Wasser

Ein Boot braucht Wasser, um fahren zu können. Es muß nur das richtige Gewässer sein.

Flüsse

Viele kleinere Flüsse und Kanäle laden zum gemächlichen Dahintuckern mit einem schwach motorisierten Boot ein. Der Charme solchen Flußwanderns liegt darin, die abwechslungsreiche Landschaft an sich vorüberziehen zu lassen und jederzeit am Ufer eine Pause einlegen zu können. Diese Art des Bootfahrens ist außerordentlich entspannend. Sie kann jedoch auch ihre Schwierigkeiten haben. Da sind Wehre und steinige Untiefen zu meiden. Man muß sich von überhängenden Ästen, tiefen Brücken und Leitungen freihalten und die Flachs an der Innenseite der Flußbiegungen in großem Bogen umschiffen. Vielleicht muß man sich auch zum erstenmal mit unterschiedlichen Schleusentechniken auseinandersetzen.

Auf den großen Flüssen mit ihrem starken Schiffsverkehr ist es natürlich mit der Beschaulichkeit vorbei. Hier braucht man schon etwas Kraftreserve unter Motorhaube oder Motorluk, und man muß beim Begegnen und Überholen höllisch aufpassen. Eigentlich sollte sich ein Bootsneuling da zunächst besser heraushalten. Ohnehin benötigt er dort einen Sportboot-Führerschein.

Binnenseen

Sie sind das ideale Anfängerrevier und für kleine Boote überhaupt das denkbar beste Gewässer. Betrüblicherweise sehen sich Motorbootfahrer mit immer mehr Einschränkungen konfrontiert. Einige Binnenseen sind für Motorboote vollständig gesperrt. Auf anderen gibt es zeitweilige Sperrungen oder Zulassungs- und Geschwindigkeitsbeschränkungen. Um sich Ärger zu ersparen, sollten Sie sich unbedingt

Mit seinem Motorboot über einsame, malerische Flußstrecken zu bummeln oder sich unbekannte Reviere zu erschließen, ist ein Erlebnis ganz besonderer Art.

vorher erkundigen, ob das von Ihnen ins Auge gefaßte Revier überhaupt befahren werden darf. Wahrscheinlich wird zumindest der Sportboot-Führerschein verlangt.

Küstengewässer

Kleine, offene Sportboote gehören nicht auf Küstengewässer. Sie dürfen überhaupt nur mit dem Sportboot-Führerschein See befahren werden. Die Prüfung ist nicht gerade leicht. Verlangt wird der Nachweis nautischer Kenntnisse. Man muß Aufgaben in der Seekarte lösen, Gezeitenaufgaben rechnen und gut im Seeverkehrsrecht bescheid wissen. Aber selbst wer den Führerschein in der Tasche hat, besitzt selten genug Praxis, um mit den wechselhaften Wetterverhältnissen der Küste zurecht zu kommen.

Es gibt geschütztere, windarme Küstengewässer und solche, die ausgesprochen gefährlich sind, mit Windecken, Brandung und wechselnden Wasserständen. In windarmen, „sicheren" Küstenrevieren im Mittelmeer hingegen sind auch mit kleinen Booten durchaus ausgedehntere Fahrten denkbar. Dort muß man seine Reisen nur so planen, daß man immer rechtzeitig an einer Tankstelle zum Nachtanken festmachen kann.

Die offene See

Sie ist erst recht nichts für kleine Boote. Erfahrene Besatzungen mit einem kleinen schnellen Daycruiser aber mögen schon mal 100 Seemeilen über offenes Wasser zurücklegen. Vorausgesetzt, das Wetter ist gut, die Wettervorhersage ebenfalls, die Fahrt ist sorgfältig geplant, das Boot dafür hervorragend ausgerüstet und man fährt nicht allein. Bei einer unvorhergesehen sich abzeichnenden Wetterverschlechterung, sollte man sofort den nächsten Hafen ansteuern. Solange wie sich noch keine Welle aufgebaut hat und man gleiten kann. Wird die See rauher, ist's mit dem Gleiten Schluß, und womöglich in Verdrängerfahrt gegenanbolzen zu müssen kann bitter sein.

Zugang zu den Gewässern

Wenn man keinen ständigen Liegeplatz im Wasser hat, muß man Wege und Möglichkeiten suchen, um sein Boot zu Wasser zu bringen.

Slipanlagen

Es gibt Sliprampen in Yachthäfen und Marinas, in Gemeindebesitz oder öffentliche, für jedermann zugänglich. Diese kosten nichts, sind meistens aber auch nicht im allerbesten Zustand. Nicht selten sind sie zu steil, zu kurz, zu flach oder nur zu bestimmten Stunden zu benutzen, weil von Gezeiten abhängig. Oder sie sind stark verschlammt, der Untergrund ist unsicher oder die Rampe durch starken Algenbewuchs unpassierbar. Slips in Hafenanlagen sind im allgemeinen einwandfrei, aber oft auch gebührenpflichtig.

Merkmale einer guten Slipanlage

- Eine gute Zufahrt für das Gespann
- Parkplätze für Pkw und Trailer
- Ein breiter Slip
- Ein solider Unterbau (ist der Slip aus Holz, muß man kontrollieren, wie stark er belastet werden kann)
- Nicht zu steiler Winkel
- Sauber (ohne Bewuchs und Schlick, so daß keiner ausrutscht)
- Bei jedem Tidenstand ausreichend Wassertiefe
- Schwimmstege zum Anlegen
- An die eventuell trocken fallende Rampe schließt sich ein fester Untergrund an, in den die Räder des Trailers nicht einsinken
- Frischwasser zum Abspülen
- Tankstelle in unmittelbarer Nähe
- Telefon

Slippen vom Strand

Natürlich kann man sein Boot auch an einem freien Strand oder Ufer zu Wasser lassen und es dort auch wieder herausziehen. Das ist meist aber noch problematischer. Es ist abhängig von der Neigung des Ufers und von einer festen Bodenbeschaffenheit, damit die Räder des Zugwagens greifen können. Auch die Wassertiefe muß passen. Relativ windstill sollte es ebenfalls sein. Wellenschlag kann das Slippen zum Scheitern verurteilen.

Kranen

Entschieden nervenschonender und unkomplizierter ist es, etwas schwerere Boote mit dem Kran ins Wasser zu setzen und später wieder herauszuheben. Bootskräne gibt es in allen Yachthäfen, Marinas und auf Werften. Es bleibt ohnehin der einzige Ausweg, wenn kein Slip oder nur ein unbrauchbarer in der Nähe ist. Manche Kräne haben Selbstbedienung. Üblicherweise erledigt das Personal der Hafenmeisterei das Krangeschäft schnell und routiniert. Es ist allerdings auch die kostspieligste Art ins Wasser zu kommen.

Nur selten wird man eine so gut ausgerüstete Slipanlage finden, gleich mit Wasseranschluß für die Bootsreinigung und weiteren Versorgungseinrichtungen.

Wetterinformationen

Ob auf großen Seenflächen oder an der Küste, wichtig ist es, vor jeder Fahrt Informationen über das Wetter einzuholen. Im Küstenbereich kann man aktuelle Wetterinformationen über das Telefon abrufen. Man findet sie auch als Aushang in den Hafenbüros oder erhält sie – auch an großen Binnengewässern wie dem Bodensee – von den zuständigen Diensstellen der Wasserschutzpolizei.

Es geht dabei nicht so sehr darum, ob es regnen oder die Sonne scheinen wird. Regen in einem offenen Boot ist zwar äußerst unangenehm, doch was dem Motorbootfahrer zu schaffen macht, ist der Wind. Der Wind erzeugt unterschiedliche Wellensysteme, je nachdem woher und wie lange er weht und wie groß die Wasserfläche ist. Und diese Wellen sind es, die die Gleitfahrt stoppen oder sogar ins Boot schlagen.

Die Windstärke wird nach der Beaufort-Skala gemessen, und die Windrichtung ist diejenige, aus der der Wind weht. Ein Nordweststurm bläst aus Nordwesten. Die Richtung des Windes ist wichtig. Windstärke 4 auf offenem Wasser wird für ein kleineres Motorboot bereits recht kritisch. Unter Landabedeckung dagegen kann es noch komfortabel gleiten. Auch Strom spielt eine Rolle. Bei Windstärke 4 in Stromrichtung ist das Wasser womöglich nur leicht bewegt. Steht der gleiche Wind aber gegen den Strom, kann er eine äußerst ruppige Welle aufbauen. Der Wind versucht die Fließbewegung des Wassers zu stoppen und erzeugt dadurch eine kurze, steile Welle, die so ziemlich das Unangenehmste ist, was man sich als Motorbootfahrer denken kann.

Windgeschwindigkeit

Stärke in Beaufort	Bezeichnung	Geschwindigkeit in kn
0	Stille	unter 1
1	leiser Zug	1-3
2	leichte Brise	4-6
3	schwache Brise	7-10
4	mäßige Brise	11-15
5	frische Brise	16-21
6	starker Wind	22-27
7	steifer Wind	28-33
8	stürmischer Wind	34-40
9	Sturm	41-47
10	schwerer Sturm	48-55
11	orkanartiger Sturm	56-63
12	Orkan	64 und mehr

Zuggeschwindigkeit von Wettersystemen

langsam	0-10 kn
mäßig	15-15 kn
etwas rasch	25-35 kn
rasch	35-45 kn
sehr rasch	über 40 kn

Begriffe bei der Sturmwarnung

unmittelbar bevorstehend	innerhalb von 6 Stunden
bald einsetzend	in 6-12 Stunden
später einsetzend	in 12-24 Stunden

Einige Binnenseen haben Sturmwarnsysteme mit Blitz- und Blinksignalen, manchmal auch mit Sirenentönen oder Böllerschüssen. Über die Standorte solcher Warnsysteme und die Bedeutung ihrer Signale sollte man sich unbedingt vor einer Fahrt auf einem entprechenden Gewässer informieren.

Und bedenken Sie stets, daß sich Wind und Wetter, wider Erwarten und entgegen der Wettervorhersage, in Minutenschnelle ändern können. Das liegt daran, daß die Wettervorhersagen zwangsläufig relativ großräumig abgefaßt sein müssen. Beobachten Sie also hin und wieder mal den Himmel. Nimmt der Wind zu und kommen schnellziehende dunkle Wolken auf, ist es klüger und sicherer, Hafen oder schützendes Ufer aufzusuchen.

Sicherheitsausrüstung für ein kleines Sportboot

Für das Boot:

- Anker mit Ankergeschirr
- Bootshaken
- 2 Stechpaddel
- Schlepptrosse
- Festmacheleinen
- Rote Flagge
- Wasserdichte, schwimmfähige Taschenlampe
- Schöpfgefäß oder Lenzpumpe
- 2-kg-Feuerlöscher
- Signalhorn
- Reservekanister
- Reservepropeller
- Scherstifte (für den Propeller)
- Ersatzzündkerzen
- Kerzenschlüssel
- Werkzeugkasten mit Ersatzteilen

Für die Besatzung:

- Rettungswesten oder sichere Rettungskragen
  entsprechend der Anzahl der Bootsinsassen
- Rutschfeste Bootsschuhe
- Leichte Kleidung zum Schutz vor Sonne
- Warme Wattejacken (je nach Witterung und Jahreszeit)
- Wasserdichte Oberbekleidung
- Sonnenbrillen mit Halsband
- Sonnenhut oder Mütze
- Sonnencreme (man bekommt auf dem Wasser sehr schnell einen Sonnenbrand)

In vielen Ländern ist die Sicherheitsausrüstung für Motorboote genau vorgeschrieben. Hier sehen Sie, was unbedingt dazu gehört.

Ab- und Aufslippen mit dem Trailer

Die Ausrüstung des Trailers spielt durchaus eine Rolle fürs gute Gelingen beim Slippen. Das mindeste an notwendigem Komfort sind Sliprollen, die das Boot etwas von den Auflagen abheben und so leichter aufschwimmen lassen. Grundsätzlich läßt sich jedoch sagen, daß der Sliperfolg weitgehend vom Zugwagen abhängt. Wichtig ist, daß der Pkw auf sicherem Untergrund steht und nicht auf einer glitschigen Rampe. Sie sollten sich ruhig etwas Zeit lassen und nicht gleich als erster an die Rampe drängen, sondern zunächst mal beobachten, welche Probleme andere vor Ihnen haben.

Letzte Vorbereitungen

1. Stellen Sie Fahrzeug und Trailer so ab, daß andere Benutzer der Slipanlage nicht behindert werden.
2. Entfernen Sie die Lichtleiste und die elektrischen Verbindungskabel am Trailer.
3. Entfernen Sie Befestigungsgurte, die Schutzhaube aus Segeltuch und die Bootspersenning.
4. Motorvorbereitung:
   - Machen Sie den letzten Motorcheck, und sichern Sie alles an Bord.
   - Kontrollieren Sie die Kraftstoffversorgung und das Getriebe, und überprüfen Sie, ob alles zum Start bereit ist.
   - Sehen Sie nach, ob genügend Rettungswesten an Bord sind.
   - Kontrollieren Sie, ob die Fangleine am Bug befestigt ist. Bei kleinen Booten ist dies das wichtigste.
5. Lösen Sie das Windenseil erst wenn das Boot aufschwimmt. Haben Sie es bereits gelöst, bevor Sie den steilen Slip hinunterfahren, wird das Boot eventuell vom Trailer rutschen, auf die Rampe aufschlagen und beschädigen.
6. Haben Sie einen erfahrenen Beifahrer, kann er beim Slippen bereits im Boot sein.

Eine steile Sliprampe ermöglicht, das Boot zu slippen, ohne den Trailer abzukuppeln. Allerdings darf sie auch nicht zu steil und glitschig sein. Sonst gibt's für den Zugwagen womöglich kein Halten mehr. Beim Slippen von festem, flachem Strand aus braucht man für den abgekuppelten Trailer eine lange Leine.

7. Vergewissern Sie sich, daß der Motor hochgekippt ist, der Schaft könnte sonst auf die Rampe schlagen und beschädigen.

Zu Wasser

1. Fahren Sie rückwärts mit dem Gespann ans Wasser, und achten Sie darauf, daß die Räder des Zugwagens nicht ins Wasser kommen.
2. Beginnt das Boot am Heck aufzuschwimmen, den Zugwagen stoppen und die Handbremse anziehen.
3. Wenn es tief genug ist, von Bord aus den Motor absenken, aber darauf achten, daß der Schaft nicht etwa auf Steine schlägt, die vor der Sliprampe im Wasser liegen.
4. Ist jemand an Bord, kann er jetzt die Maschine starten (mit ausgekuppeltem Propeller).
5. Sofort kontrollieren, ob Kühlwasser austritt, falls nicht (es kann allerdings einige Sekunden dauern, bis das Wasser durch den Motor zirkuliert), stellen Sie sofort den Motor ab und holen sich Rat anhand des Kapitels „Probleme".
6. Den Motor etwa 3 Minuten lang mit annähernd 1500/min warmlaufen lassen. Sonst bleibt er womöglich stehen, sobald Sie das Getriebe schalten. Dann kommen Sie zunächst einmal ins Treiben, und das Boot gerät außer Kontrolle.
7. Läuft der Motor im Leerlauf rund, können Sie endlich die Fangleine loswerfen lassen.
8. Langsam den Rückwärtsgang einlegen und vorsichtig vom Trailer fahren und das Boot an einem Anleger oder einer Boje festmachen.
9. Das Gespann von der Slipanlage wegfahren und sicher parken.

Blockieren Sie die Slipanlage nicht – sie könnte von Booten im Rettungseinsatz dringend benötigt werden

Auf einem steilen Slip kann man so weit zurücksetzen, bis das Heck des Bootes aufschwimmt.

Den Motor in Flachwasserstellung warmlaufen lassen, das Winschseil lösen und das Boot vom Trailer schieben.

Das Boot mit dem Motor rückwärts vollständig vom Trailer ziehen.

Wenn alles klar ist, den Motor abkippen und mit Fahrt voraus losfahren.

Wind und Strom

Beobachten Sie das Wasser. Haben Wind und ein eventuell stehender Strom die gleiche Richtung oder stehen sie gegeneinander? Ist der Wind stärker oder der Strom? Halten Sie nach Flaggen oder ähnlichem Ausschau, um die Windrichtung festzustellen, und nach Booten, die an Bojen festgemacht haben. Ist der Strom stärker als der Wind, richten sich Boote an Bojen in Stromrichtung aus. Ist der Wind stärker als der Strom, richten sich die Boote entweder nur nach dem Wind oder in einem Winkel zu Wind und Strom aus. Segelyachten mit ihrem tiefgehenden Kiel unterliegen dem Einfluß des Stroms stärker als flachgehende Motorboote.

Es ist gut zu wissen, ob der Wind oder der Strom der stärkere ist. Sofort wenn das Boot vom Trailer aufschwimmt, wird es nämlich ins Treiben geraten, entweder zur einen oder zur anderen Seite. Vergewissern Sie sich, daß Sie dort genügend Platz zum Anfahren und Manövrieren haben. Wenn Sie mit den äußeren Bedingungen zu frieden sind, spielen Sie den gesamten Slipvorgang noch einmal im Kopf durch. So vermeiden Sie Fehler.

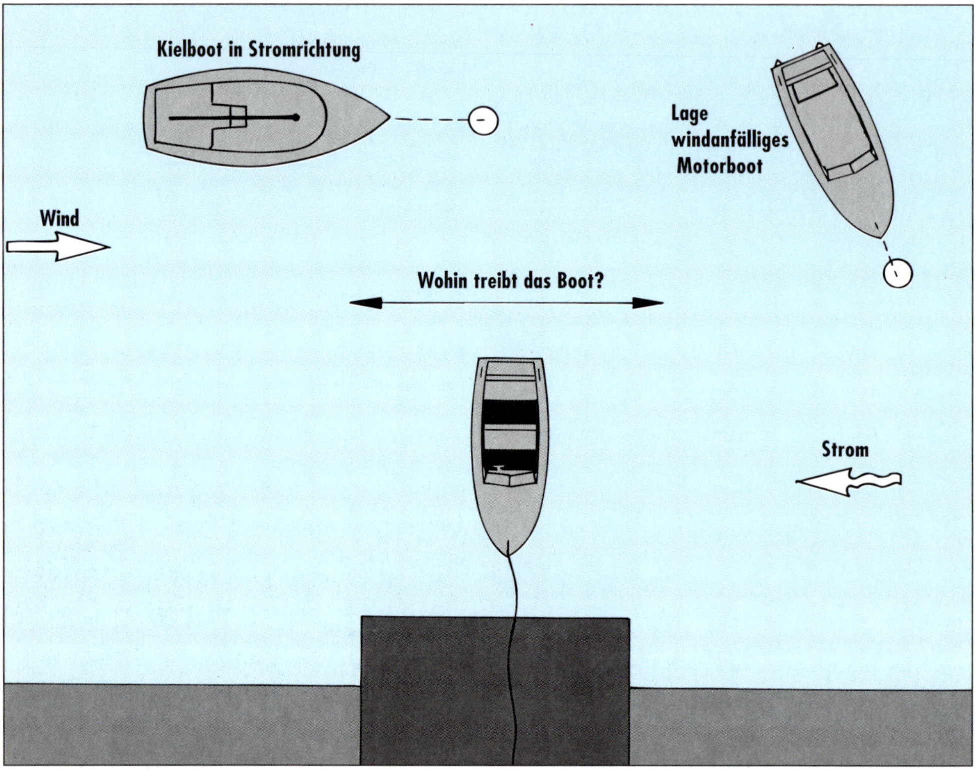

Man kann die Wind- und Stromrichtung in etwa an vor Boje oder Anker liegenden Booten erkennen. Segelboote mit Kiel legen sich in Stromrichtung. Motorboote mit entsprechend hohen Aufbauten nehmen meistens einen Winkel zur Wind- und Stromrichtung ein. Nach welcher Richtung wird das eigene Boot treiben, sobald es vom Trailer aufschwimmt?

Wenn das Boot bereits aufgeschwommen und die Fangleine losgeworfen worden ist, Sie aber aus irgendeinem Grund noch nicht klar sind, versuchen Sie das Boot mit dem Heck im Wind oder im Strom zu halten. Andernfalls könnte es leicht seitlich auf Drift gehen, gegen andere Boote treiben oder sich auf Grund setzen.

Slippen vom Ufer in flaches Wasser

Voraussetzung ist eine feste Uferbeschaffenheit und fester Grund, so daß Trailer oder Zugwagen nicht einsacken. Kiesgrund beispielsweise kann sehr gut geeignet sein. Außerdem muß man sich vorher genau ansehen, wie weit sich das Flach ausdehnt, beziehungsweise wo der Grund beginnt, steil abzufallen.

Manche Flachs, die sich im Prinzip zum Einsetzen des Bootes gut eigenen, erstrecken sich über viele Meter. Erst dann wird das Wasser so tief, daß das Boot aufschwimmen kann. In dem Fall müssen Sie den Trailer abkoppeln und ziemlich weit und bis über die Räder ins Wasser schieben. Das geht nur mit einem langen Schleppseil:

- Es verhindert, daß der Trailer bei abschüssigem Grund in den Fluten verschwindet.
- Mit dem Seil kann man den Trailer nach dem Abslippen, beziehungsweise Boot und Trailer nach dem Aufslippen wieder aus dem Wasser ziehen.
- Der Wagen bleibt auf jeden Fall trocken.
- Mögliche Materialschäden sind weitgehend ausgeschlossen.

Das Abslippen mit einem langen Schleppseil spielt sich folgendermaßen ab:

1. Man setzt das Gespann rückwärts an die Flachwasserstelle heran und stoppt am Rande des Wassers.
2. Man läßt das Stützrad des Trailers herunter und sichert es.
3. Man befestigt das Schleppseil mit einem Palstek am Trailer und legt einen Törn um die Hängerkupplung des Zugwagens.

Die Leine mit Palstek um den Windenstand legen.

Das andere Leinenende um die Wagenkupplung legen und den Trailer abhängen.

Kontrolliert an der Leine, den Trailer langsam die Rampe runterfahren lassen.

4. Der Trailer wird vom Zugwagen gelöst.
5. Durch dosiertes Lösen und Anziehen der Handbremse läßt sich der Trailer kontrolliert ins Wasser abrollen. Mit der Schleppleine an der Zugwagenkupplung wird entsprechend nachgegeben.
6. Hat der Trailer keine Bremse, wird die Schleppleine Hand über Hand gefiert (dem Zug nachgegeben). Die Reibung der Leine

Sobald das Boot aufschwimmt, die Leine mit Webeleinstek auf der Wagenkupplung festsetzen.

Wenn das Wasser tief genug ist, den Motor warmlaufen lassen, das Windenseil abhaken (links) und rückwärts vom Trailer setzen (Mitte). Der Wagen zieht den Trailer an der langen Leine aus dem Wasser.

auf dem Schlepphaken ist groß genug, um den Trailer jederzeit abstoppen zu können. Man muß nur aufpassen, daß sich die Leine nicht löst und durch die Hände rauscht. Das gibt üble Verbrennungen, wenn man nicht blitzartig los läßt.

7. Sobald das Boot mit dem Heck aufschwimmt, die Leine auf der Kugelkupplung mit einem Webeleinstek belegen.
8. Man watet ins Wasser, löst das Boot vom Windenseil, hält es an der Fangleine fest und schiebt es vorsichtig vom Trailer. Das Boot wird eventuell herumschwojen und sich in Wind- oder Stromrichtung legen.
9. Inzwischen zieht der Beifahrer den Trailer am Schleppseil an Land.
10. Bis der Gespannfahrer zurückgekommen und an Bord geklettert ist, hält einer vom Wasser aus das Boot an der Fangleine.
11. Dann paddelt man in tieferes Wasser – keinesfalls den Motor starten, so lange man nicht ganz sicher ist, daß man mit dem Propeller keine Grundberührung mehr bekommt.

Das Boot sollte möglichst nicht selbständig ins Treiben geraten, während Sie versuchen, den Motor zu starten. Springt er nämlich nicht an, kann eine starke Strömung das Boot schon weit mit fortgeführt haben, bis Sie die Angelegenheit im Griff haben. Bei einem größeren Motordefekt kann es recht problematisch werden, gegen den Strom wieder zum Ufer zurückzupaddeln. Das ist harte Knochenarbeit, wenn es überhaupt gelingt. Ist kein Steg oder keine Boje in der Nähe, um daran festzumachen und sich in Ruhe seinem streikenden Motor zu widmen, sollten Sie den Anker auswerfen.

Starten des Motors

Außenborder

1. Kontrollieren Sie die Klemmschrauben der Motorhalterung. Sie neigen dazu, sich durch Vibrationen während der Fahrt zu lockern.
2. Überlegen Sie, ob Sie auch tatsächlich Zweitakter-Gemisch (Benzin/Öl-Gemisch) im Tank haben (sofern Ihr Motor nicht eine Öleinspritzung hat). Ist genügend Benzin an Bord?
3. Öffnen Sie die Entlüftungsschraube am Tank.
4. Drücken Sie den Pumpball in der Kraftstoffleitung zwischen Tank und Motor so lange, bis ein spürbarer Widerstand entsteht. (Vergewissern Sie sich, daß der Pfeil auf dem Pumpball in Richtung des Motors zeigt.)
5. Ist der Quickstop aufgesteckt? Sonst startet der Motor nicht – oder sollte es zumindest nicht tun. Dieser Kurzschlußschalter mit einer Reißleine zum Handgelenk, stellt sofort den Motor ab, wenn der Fahrer über Bord fallen sollte. Er gehört auf einem offenen Gleitboot unbedingt zur Sicherheitsausrüstung.
6. Beim Elektrostarter den Zündschlüssel ins Schloß stecken. Nicht alle Zündsysteme haben eine Sicherheitssperre, die verhindert, daß der Motor anspringt, wenn das Getriebe eingekuppelt ist. Achten Sie deshalb darauf, ob der Drehgasgriff, beziehungsweise Schalthebel auf „neutral" steht.
7. Den Choke ziehen und beim Elektrostarter den Zündschlüssel rumdrehen. Beim Handstarter auf einen sicheren Stand achten und auf genügend Abstand zu Mitfahrern, um das Starterseil kräftig durchreißen zu können. Bei Motoren ohne Choke müssen Sie eventuell vor dem Start einige Male mit dem Schalthebel pumpen und das wiederholen, falls der Motor nach dem Starten wieder absterben will.
8. Der Motor sollte beim dritten Versuch anspringen. Sobald er läuft, den Choke wieder zurückschieben.
9. Geben Sie so viel Gas, daß der Motor mit etwa 1500/min dreht, und kontrollieren Sie den Kühlwasseraustritt.
10. Ein Bootsmotor muß zunächst auf Betriebstemperatur kommen. Lassen Sie ihn mindestens 3 Minuten warmlaufen.
11. Überprüfen Sie kurz, bevor Sie endgültig ablegen, ob der Vorwärts- und Rückwärtsgang einrasten.

Innenborder

1. Öffnen Sie alle Seeventile und legen Sie den Hauptschalter für die Elektrik um. Senken Sie – wenn vorhanden – den hochgefahrenen Z-Trieb ab.
2. Lassen Sie etwa 5 Minuten lang das Motorraumgebläse laufen.
3. Kontrollieren Sie, ob genügend Treibstoff im Tank ist.
4. Ist das Getriebe ausgekuppelt? Andernfalls läßt sich der Motor nicht starten.
5. Pumpen Sie drei- bis viermal mit dem Gashebel, damit Benzin in die Vergaser gelangt. Stellen Sie den Gashebel so, daß er etwas über der Leerlaufposition steht.
6. Starten Sie den Motor durch eine kurze Rechtsdrehung des Zündschlüssels oder durch Druck auf den Startknopf (je nach System). Springt der Motor beim dritten Versuch nicht an, stimmt irgendetwas nicht.
7. Kontrollieren Sie, ob alle Anzeigeinstrumente funktionieren und ob Kühlwasser austritt.
8. Lassen Sie den Motor mit etwa 1500/min 3 Minuten lang warmlaufen.
9. Checken Sie im Leerlauf, ob der Vorwärts- und Rückwärtsgang einrasten, und dann können Sie endlich von Steg oder Boje ablegen.

Aufslippen

Wer sich in Gewässern mit wechselnden Wasserständen (Tidengewässern) nicht einen genauen Zeitplan gemacht hat, kann eine unangenehme Überraschung erleben: Bei Hochwasser kann der Slip so weit überspült sein, das man ihn gar nicht mehr wiederfindet, bei Niedrigwasser kann er hoch und trocken liegen. Glücklicherweise befinden sich unsere Slipanlagen fast ausschließlich an tidenfreien Gewässern, so daß der Wasserstand normalerweise höchstens um einige Zentimeter schwankt.

Zunächst gilt es, jemand an Land zu setzen, der das Gespann an die Rampe fährt, sofern man nicht jemand an Land hat, der das übernimmt. Sehr vorteilhaft ist es deshalb, wenn man in der Nähe einer Sliprampe einen Steg hat, um den Gespannfahrer dort abzusetzen. Wichtig ist das natürlich besonders dann, wenn man womöglich allein auf Fahrt gegangen ist und selbst sein Gespann holen muß.

Hat man ein flaches Ufer oder einen festen Strand in der Nähe, ist es mit einem leichten Motorboot kein Problem, auf Ufer oder Strand zu laufen und auszusteigen. Schwimmt das Boot aber im Wasser und kann man mit dem gesamten Gespann nicht dicht genug heranfahren, spielt sich das Aufslippen etwa folgendermaßen ab:

1. Rangieren Sie den Trailer rückwärts bis unmittelbar ans Wasser. Lassen Sie das Stützrad herunter, befestigen Sie die Schleppleine am Trailer mit einem Palstek und koppeln Sie den Trailer ab.
2. Schieben Sie den Trailer bis zu den hinteren Ablaufrollen ins Wasser.
3. Lösen Sie die Winde und ziehen Sie etwa so viel Drahtseil von der Rolle wie der Trailer lang ist.
4. Holen Sie die Schleppleine durch und befestigen Sie sie am Haken der Wagenkupplung mit einem Webeleinenstek. Vorsichtshalber etwas Lose in der Schleppleine lassen, falls der Trailer noch weiter ins Wasser geschoben werden muß.
5. Das Einschwimmen in den Trailer ist Präzisionsarbeit. Sollten quer zum Slip Wind oder Strom stehen, nähert man sich ihm mit äußerst langsamer Fahrt im rechten Winkel. Sonst nimmt man den Trailer genau von vorne.
6. Den Außenborder oder Z-Trieb in die Flachwasserstellung ankippen.
7. Gas weg, Motor stopp, und sich mit der Restfahrt auf den Trailer schieben. Oder über den Bug und eventuell den Trailer, mit der Fangleine in der Hand, ins flache Wasser steigen.
8. Dann schieben Sie das Boot von Hand über die Ablaufrollen und haken das Windenseil ein. Darauf achten, daß das Boot gerade auf den Trailer kommt. Dann ziehen Sie es mit der Winde vollständig herauf.
9. Mit dem Zugwagen Trailer und Boot am Schleppseil aufs Trockene ziehen. Dort kann der Wagen zurückgesetzt und der Trailer angekoppelt werden.

Ist der Slip jedoch so beschaffen, daß man mit dem gesamten Gespann dicht genug ans Boot heran kommt, erübrigt sich die Arbeit mit dem Schleppseil.

Mit größeren Booten wird man stets versuchen, direkt auf den Trailer heraufzufahren. Dazu muß der Trailer entsprechend tief ins Wasser gefahren werden. Seitlich am vollständig abgetauchten Trailer befestigte Führungsstangen können dabei außerordentlich hilfreich sein.

Langsam, den Motor in Flachwasserstellung, auf den Trailer herauffahren.

Liegt das Boot auf dem Trailer, Motor aus, aussteigen und das Windenseil einpicken.

Den Motor vollständig hochkippen, falls das noch nicht geschehen ist.

Den Trailer mit dem Boot an der langen Leine an Land ziehen.

Sie dienen als Orientierung – besonders in stark verschmutzten Gewässern –, um die Mitte des Trailers genau zu treffen.

Auch hier wird bei der Anfahrt der Antrieb in die Flachwasserstellung angekippt. Je nach Masse des Bootes und Beschaffenheit des Slips, wird der Motor vor dem Trailer gestoppt und sich mit der Restfahrt auf den Trailer geschoben, oder aber mit laufendem Motor auf den Trailer gefahren, bis das Boot durch die Reibung aufgestoppt wird. Dann hakt man das Windenseil ein und zieht Trailer und Boot langsam aus dem Wasser. Sobald das Boot aus dem Wasser kommt, sollten Sie unbedingt kontrollieren, ob es auf allen Ablauf-, beziehungsweise Transportrollen richtig aufliegt. Ein schweres Boot, das falsch auf dem Trailer liegt, läßt sich

Mit der Winde das Boot bis zum Buganschlag auf den Trailer ziehen.

Den Wagen zurücksetzen und den Trailer ankuppeln.

auf dem Trockenen nicht mehr in die richtige Position bringen. Deshalb müßte der Trailer gegebenenfalls wieder ins Wasser zurück, um das Boot von Hand zurechtzurücken. Dabei unbedingt acht gegeben, daß man nicht irgendwo mit der Hand zwischen Rollen oder Auflager und Bootsrumpf gerät. Hebt beispielsweise eine Welle das Boot noch einmal leicht an, kann das für die Finger sehr übel ausgehen.

Muß ein Boot bei stärkerem quereinfallendem Wind oder quersetzendem Strom auf den Trailer gefahren werden, wäre es günstig, wenn man das Heck an einer langen Leine vom Steg oder Land aus halten könnte, um so zu verhindern, daß das Boot mit dem Heck zur Seite schwenkt. Das kann mehrere Anläufe erforderlich machen.

Große, schwere Boote sollte man nicht zu kräftig mit der Winde ziehen. Versuchen Sie besser, Ihr Boot so nahe wie möglich an den Windenstand heranzufahren. Es ist kein reines Vergnügen und eine zeitaufwendige Sache, ein solches Boot aufzuslippen. Es wurde früher bereits einmal gesagt: weitaus einfacher ist es, das Boot mit einem Kran aus dem Wasser zu nehmen. In Marinas findet man häufig sehr praktische Travellifts. Sie brauchen Ihr Boot nur an den Steg zu legen und Bescheid zu geben, der Rest wird für Sie erledigt.

Einige Häfen halten einen Traktor mit Fahrer in Bereitschaft. Das macht die Sache auch schon leichter. Wenn Sie ankommen, koppelt er Ihren Trailer an seinen Traktor, fährt damit den Slip hinunter, erteilt Ihnen seine Anweisungen, bedient die Winde und zieht Sie mit dem Boot heraus, so daß Sie nicht einmal nasse Füsse bekommen. Es sei denn, Sie meinen, vom Wasser aus kontrollieren zu müssen, ob Ihr Boot auch richtig auf dem Trailer liegt.

Der Bootstransport

Der Bootstransport auf der Straße kann problematisch werden, wenn man nicht rechtzeitig bemerkt, daß sich die Verzurrung zu lösen beginnt oder irgendetwas ins Rutschen gekommen ist. Deshalb sollte man sich genügend Zeit nehmen, alle Dinge sicher zu befestigen und zu verstauen. Das macht sich im Nachhinein immer bezahlt. Vor der Fahrt sollten Sie folgendes Programm durchgehen:

1. Kontrolllieren Sie, ob alle Rollen und Auflagen richtig unter dem Rumpf sitzen und keine Verschraubungen locker sind.
2. Fetten Sie die Radlager und kontrollieren Sie, ob sie Spiel haben. Sind sie zu locker, sollten Sie die Radlager nachstellen.
3. Ziehen Sie eine Leine vom Bug des Bootes zur Hängerdeichsel und holen Sie sie stramm durch. Benutzen Sie einstellbare Spanngurte. Auf keinen Fall sollte man seine (alten)Festmacheleinen zum Verzurren verwenden. Die recken sich, und dadurch kommt Bewegung ins Boot. Stecken Sie unter die Gurte dort, wo sie am Rumpf aufliegen, Schaumstoff oder Teppichstücke. Und achten Sie darauf, daß sie nicht verrutschen.
4. Außenborder und Z-Trieb müssen hochgekippt und arretiert werden. Gelegentlich ist

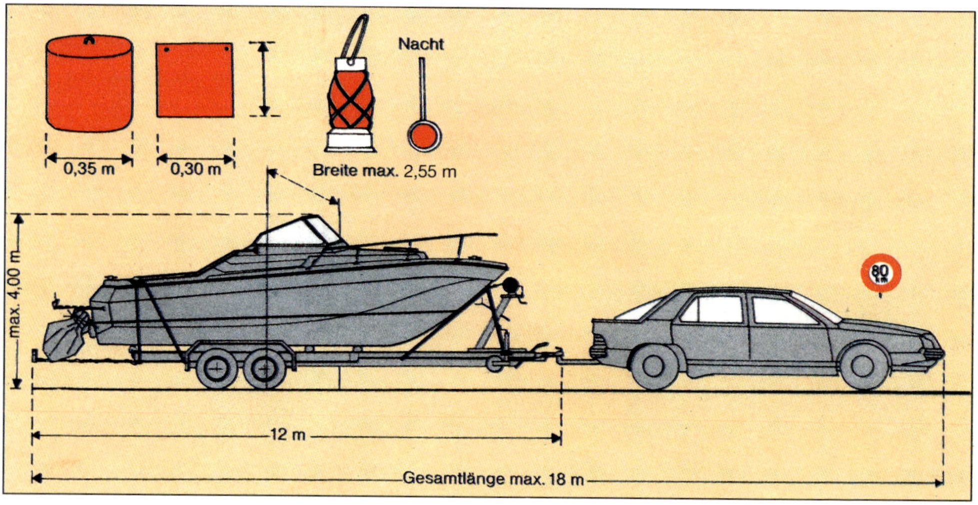

Vorschriften für den Trailertransport: Gesamtlänge des Gespanns 18 m, des Anhangs 12 m. Maximale Höhe 4 m, Breite 2,55. Nach hinten dürfen Boot und Ausrüstung 1,50 m, beim Transport innerhalb von 100 km bis zu 3 m über die Schlußleuchte hinausragen. Markierung am Tage: ein 0,30 x 0,30 m großes rotes Schild oder eine gleich große auseinandergespreizte rote Fahne oder ein roter zylindrischer Körper von 0,30 m Höhe und 0,35 m Durchmesser, nicht höher als 1 m über der Fahrbahn. Bei Dunkelheit: ein rotes Licht, nicht höher als 1,50 m über der Fahrbahn und ein roter Rückstrahler, nicht höher als 0,90 m über der Fahrbahn.

die Kipparretierung nicht sicher genug. Deshalb sollte man einen Holzkeil dazwischen stecken und darauf den Schaft festklemmen. Es ist Vorschrift, Propeller und Schaft durch einen festen Überzug zu schützen.

5. Befestigen Sie die Lichtschiene am Trailer, stecken Sie die Verbindungskabel zusammen und führen Sie eine Lichtkontrolle durch. Binden Sie das Lichtkabel an der Trailerdeichsel hoch, damit es nicht auf der Fahrbahn schleift.
6. Setzen Sie die Trailerkupplung auf die Kugel der Anhängerkupplung am Zugwagen. Legen Sie das Abreißseil über die Anhängerkupplung. Sollte sich der Trailer während der Fahrt losreißen, zieht dieses Seil automatisch die Bremsen an.
7. Kurbeln oder ziehen Sie das Stützrad des Trailers so hoch, daß es gut frei von der Fahrbahn ist. Ziehen Sie die Arretierung nicht mit äußerster Kraft an. Dadurch könnte das Gewinde beschädigt werden.
8. Werfen Sie einen Blick auf das Reifenprofil und kontrollieren Sie den Reifendruck. Wenn Sie den erforderlichen Druck nicht genau kennen, mit 2,5 bar liegen Sie auf jeden Fall richtig.
9. Überprüfen Sie alles, was sich am und im Boot lockern könnte, und sichern Sie es gegebenenfalls zusätzlich. Es könnte sich sonst, während des Transports, selbständig machen und womöglich schwere Schäden verusachen. Vor allem Tanks und Batterien sollten sehr gut gesichert sein.
10. Stauen Sie schwere Ausrüstung nicht in den Bootsenden, sondern konzentriert über oder zumindest nahe der Trailerachse(n). Die Ausrüstung kann sonst leicht ein Aufschaukeln des Trailers bewirken.
11. Über eine Abdeckplane während des Transportes gibt es geteilte Meinungen. Tests im Windkanal haben jedenfalls ergeben, daß eine Abdeckplane (Persenning) den Luftwiderstand verringert. Wenn Sie passend für das Boot geschneidert worden ist, besteht keine Gefahr, daß sie bei schneller Fahrt vom Fahrtwind zerfetzt wird.
12. Gehen Sie in einigem Abstand um das gesamte Gespann herum, und gehen Sie im Geiste noch einmal alle Punkte durch, um sicher zu sein, nichts vergessen haben.

Auf Fahrt

Jeder sollte, vor seiner ersten Fahrt mit einem Trailergespann, an einem stillen Platz das Einparken, das geradeaus Zurücksetzen und Fahren enger Kurven üben. Vor allem das Zurücksetzen. Nur so bekommt man ein sicheres Gefühl dafür, daß man beim Rückwärtsrangieren das Lenkrad nach rechts einschlagen muß, wenn der Trailer linksherum geschoben werden soll. Oder umgekehrt.

Die Höchstgeschwindigkeit für Gespanne ist in allen Ländern vorgeschrieben (in Deutschland 80 km/h). Ob man die in manchen anderen Ländern höhere Geschwindigkeit ausfahren will, muß jeder selbst mit seinem fahrerischen Geschick ausmachen. Empfohlen werden kann es kaum.

Beim Überholen muß man einkalkulieren, daß die Beschleunigung seines Wagens nachgelassen hat mit dem Anhang und der Überholweg mindestens doppelt so lang ist wie ohne Zuglast. Bremsungen sind frühzeitig und so weich wie möglich einzuleiten. Der Bremsweg des Gespanns kann bis zum Doppelten des normalen Bremsweges des unbelasteten Wagens betragen. Beim scharfen Bremsen mit einem ungebremsten Trailer kann sich der Trailer querstellen und den Zugwagen mit dem Heck zur Seite reißen. Unterwegs empfiehlt es sich, hin und wieder mal anzuhalten und alle Verzurrungen zu kontrollieren.

Fahren mit dem Motorboot

Außerordentlich wichtig ist es, sich mit seinem Boot gründlich vertraut zu machen. Zunächst einmal vor dem ersten Start und dann während der Fahrt mit niedriger Drehzahl. Als erstes wären da die Bedienungselemente.

Die Lenkung

Es gibt zwei verschiedene Systeme: Die Pinnensteuerung und die Lenkradsteuerung. Die unmittelbar am Motor sitzende Pinne vereinigt in sich Drehgas und Schaltung. Man findet sie an Motoren bis zu etwa 15 kW (20 PS). Boote mit schwereren Motoren haben fast immer ein Lenkrad. Sie sind damit sicherer und leichter zu bedienen.

Die einfachste Radsteuerung auf kleinen Booten besteht aus einem Seil, das auf eine Trommel hinter dem Lenkrad gewickelt ist und über Rollen zum Motor läuft. Dieses System ist zwar preiswert, aber störanfällig. Standard ist heute meist das Bowdenzug- oder Zug-Druck-System. Dabei wird die Drehung des Lenkrades in eine lineare Bewegung verwandelt. Der Mantel des Bowdenzuges ist mit dem Getriebegehäuse verbunden, während die Seele, entsprechend den Bewegungen des Rades, in den Mantel geschoben oder herausgezogen wird.

Schaltung und Gashebel

Praktisch alle Außenborder über 15 kW (20 PS) haben eine Fernschaltung. Sie werden also nicht mehr an der Pinne geschaltet. Eine Gangschaltung gibt es auf dem Boot nicht. Es gibt nur eine Getriebeumsteuerung. Sie kennt nur drei Stellungen: voraus – neutral – zurück. Hebel nach vorne heißt Fahrt voraus, Hebel nach hinten bedeutet Fahrt rückwärts.

Einhebelschaltung: Hebel nach vorne = Fahrt voraus, Hebel nach hinten = Fahrt achteraus. Der Hebel reguliert gleichzeitig das Gas.

Ein separater kleiner Hebel für Standgas, dient gleichzeitig als Choke.

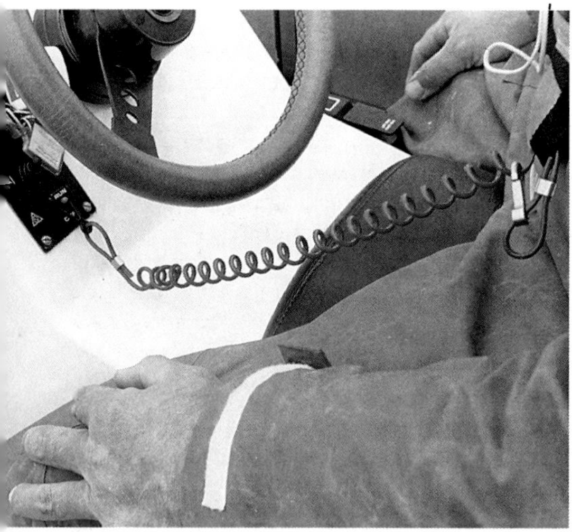

Nicht vergessen, den Not- oder Quickstopschalter anzuschließen (falls vorgesehen).

Es gibt Ein- und Zweihebelschaltungen. Die Einhebelschaltung vereinigt Gas- und Getriebeschaltung in einem einzigen Hebel. Ein- und ausgekuppelt wird durch Aus- und Einrasten des Hebels oder Drücken einer Grifftaste. Es gibt da verschiedene Systeme. Ist der Vorwärtsgang oder der Rückwärtsgang eingekuppelt, wird mehr Gas gegeben und damit beschleunigt, indem man den Hebel weiter nach vorne, beziehungsweise nach hinten umlegt. Fehlschaltungen sind ausgeschlossen, weil man von voraus auf zurück – oder umgekehrt – immer erst über „neutral“ und Standgas hinwegschalten muß.

Weit verbreitet, gerade bei kleineren Booten und ihrer Motorisierung, sind Zweihebelschaltungen. Gas und Getriebe werden getrennt mit zwei nebeneinander liegenden Hebel bedient. Die Handhabung ist umständlicher, besonders für einen Anfänger und verführt geradezu zu Fehlreaktionen: in einer kritischen Situation den falschen Hebel zu greifen und plötzlich rückwärts statt vorwärts zu fahren. Oder das Gas zu vergessen und von voll voraus auf voll rückwärts zu gehen und sich damit einen Getriebeschaden einzuhandeln.

Quickstop

Der Motor sollte mit einer Notstopeinrichtung versehen sein. Der Fahrer trägt am Handgelenk oder Gürtel ein Band, das mit dem Notstopschalter am Motor verbunden ist. Durch Zug an dem Band wird eine Gabel- oder Kappensicherung am Schalter ausgerissen und der Motor kurzgeschlossen. Das bietet gerade auf einem kleinen, offenen Boot ein hohes Maß an Sicherheit. Wird der Fahrer, aus irgendeinem Grund, über Bord geschleudert, bleibt der Motor sofort stehen und das Boot in unmittelbarer Nähe. Andernfalls könnte das führerlose Boot für ihn und andere zu einer großen Gefahr werden.

Zwar sollte man möglichst mindestens zu zweit fahren, immerhin könnte eine zu schnell gerissene Kurve oder falsch angeschnittene steile Welle beide herausschleudern. Deshalb ist es wichtig, sich in jedem Fall mit der Quickstop genannten Sicherung zu verbinden. Sie behindert beim Fahren in keiner Weise.

Kraftstofftanks

Praktisch alle Außenborder-Boote haben tragbare Benzintanks, die man jeweils an die Kraftstoffleitung zum Motor anschließt. Vor dem Starten muß man den Gummiball so lange drücken bis er hart wird, um Gemisch in den Vergaser zu pumpen. Zuvor aber sollte erst der Motor abgesenkt werden. Die Entlüftungsschraube auf dem Tank nicht vergessen aufzudrehen. Nach dem Ende der Fahrt sollte sie wieder zugedreht werden.

Die Standardtanks fassen 12 oder 23 Liter und sind aus Stahl. Obwohl die Vorschriften in einigen Ländern ihren Gebrauch einschränken, werden Kunststofftanks zunehmend beliebter. Sie sind leichter zu tragen, besser zu stauen und richten weniger Schaden an, wenn sie sich einmal losreißen sollten.

Bootstrimm

Auf einem leichten Gleitboot kommt es entschieden auf den exakten Trimm an: die richtige Gewichtsverteilung von Besatzung und Zuladung – Benzintanks beispielsweise und Reisegepäck. Die schwereren Verdränger dagegen sind weitaus weniger trimmempfindlich.

Ist die Last hauptsächlich vorne gestaut, taucht der Bug zu tief ein. Ist sie hinten untergebracht, taucht das Heck zu tief ins Wasser, und das Boot wird schwer oder gar nicht mehr ins Gleiten kommen. Der ideale Trimm mag von Boot zu Boot durchaus etwas unterschiedlich sein, doch wenn man die Hauptgewichte im Zentrum des Bootes konzentriert, liegt und fährt man meistens richtig.

Am leichtesten läßt sich eine seitliche Vertrimmung erkennen. Krängt das Boot nach keiner Seite, ist alles in Ordnung. Das wird normalerweise der Fall sein, wenn Fahrer und Beifahrer nebeneinander sitzen. Sitzt jedoch ein sehr schwergewichtiger Fahrer allein im Boot, krängt ein leichtes Boot unter Umständen stark zu seiner Seite. Dadurch verändert sich der Bodenkontakt mit dem Wasser, wodurch Geschwindigkeit und Kurvenstabilität mehr oder minder stark beeinträchtig werden können.

Von drei oder mehr Mitfahrern am falschen Platz kann der Längstrimm negativ beeinflußt werden. Wenn mehrere Sitzmöglichkeiten vorhanden sind, sollte man sich Gedanken über die Platzverteilung seiner Mitfahrer machen.

Ein falscher seitlicher (Quer-)-Trimm hat weniger Einfluß auf die Fahreigenschaften.

Der richtige Längstrimm beeinflußt die Fahreigenschaften ganz erheblich. Wird das Boot hecklastig getrimmt, steigt der Bug (oben), wird es auf die Nase getrimmt, taucht der Bug zu tief ein (Mitte). Mit dem Gewicht in der Mitte konzentriert, läuft das Boot schnell und wirtschaftlich.

Die Basismanöver

Ein Boot zu steuern ist etwas anderes als einen Pkw zu lenken. Ihn lenkt man über die Vorderräder, ein Boot aber über das Heck. Das ist zunächst verwirrend, besonders in einer scharfen Kurve. Das Hinterteil des Bootes dreht sich gewissermaßen um den Bug.

Ebenso beunruhigend ist die Erfahrung, wie man vom Wind, mehr jedoch von Strom, seitlich von der Geradeausfahrt – dem Kurs – abgedrängt wird. Stromversetzung kann Zeit und Sprit kosten, weil man zu seinem Fahrtziel eine beträchtlich längere Strecke zurückzulegen hat. Da muß jeder erst seine Erfahrungen sammeln.

Langsame Fahrt voraus

Am besten lernt man sein Boot kennen, wenn man einige Basismanöver in langsamer Fahrt übt. Sie haben den Motor warmlaufen lassen, Ihr Boot vom Steg abgedrückt, eingekuppelt und den Gashebel leicht nach vorne runtergedrückt. Und natürlich nach rechts und links geblickt, ob Sie freies Wasser haben. Sie fahren mit etwa 2000 Touren, der Propeller gurgelt friedlich und schiebt Ihr Boot im Fußgängertempo vorwärts. An Bug und Heck bilden sich nur kleine flache Wellen, und der Motor verbraucht relativ wenig Sprit.

Geben Sie mehr Gas. Das Boot wird erheblich schneller, Bug- und Heckwelle werden höher, der Spritverbrauch steigt. Sie drücken den Gashebel noch weiter runter und stellen leicht verwundert fest, daß trotz höherer Drehzahl, das Boot nicht schneller wird. Sie sind jetzt bei der sogenannten Rumpfgeschwindigkeit angekommen, die höchste Geschwindigkeit, die ein Boot in Verdrängerfahrt erreichen kann. Um diese „Schallmauer“ zu durchbrechen, müssen Sie weitaus mehr Gas geben, bei einem schwach motorisierten Boot sogar Vollgas. Das Boot wird zunächst den Bug in die Höhe recken und mit dem Heck wegsacken. Dann aber hebt es sich sozusagen auf seine eigene Bugwelle, beschleunigt erheblich und richtet sich wieder annähernd waagerecht zur Wasseroberfläche aus. Ihr Boot ist in Gleitfahrt übergegangen. Jetzt können Sie den Gashebel wieder zurücknehmen, auf etwa Dreiviertel Gas, wenn Ihr Boot richtig motorisiert ist. Es ist dies die günstigste Geschwindigkeit für ein Gleitboot. Alle anderen Fahrstufen sind unwirtschaftlich.

Achten fahren

Aber noch sind wir nicht beim Gleiten. Um ein Tonnenpaar oder zwei vor Anker liegende Boote in Verdrängerfahrt Achten zu drehen, ist eine gute Übung, um die Manövrierfähigkeit seines Bootes kennen zu lernen. Die Tonnen sollten sechs bis acht Bootslängen voneinander entfernt liegen. Wenn Sie in Form einer Acht um sie herumkurven, achten Sie mal darauf, wie das Heck beim Einleiten der Kurve auswandert. Sie werden bei der langsamen Fahrt auch den Einfluß von möglichem Wind oder Strom spüren. Setzen sie quer, müssen Sie gegensteuern. Bei gegenlaufendem Strom reagiert das Boot sehr schnell auf das Ruder, bei mitlaufendem erheblich träger.

Üben Sie die Achten solange, bis Sie einen gleichmäßigen Kurs um die Marken steuern können. Danach sollten Sie das gleiche in Rückwärtsfahrt trainieren. Vorsicht, daß keine Wellen von hinten, über die Motorwanne, ins Boot einsteigen.

Beim Fahren vorwärts und rückwärts in Achtform um zwei Bojen lernt man die Ruderwirkung und die Manövriereigenschaft seines Bootes am besten kennen und außerdem, welchen Einfluß Wind oder Strom darauf haben (s. dazu auch die Bildabfolge).

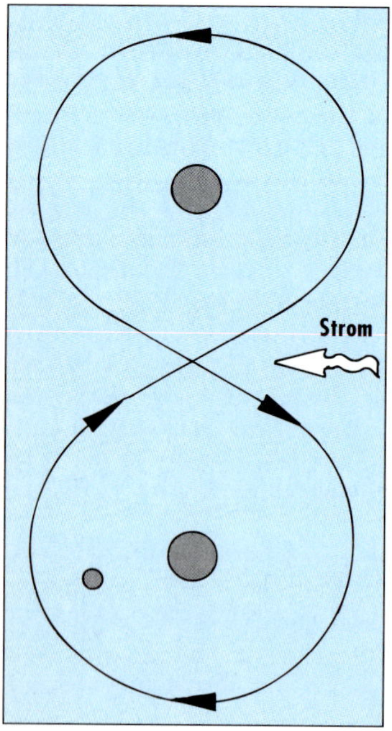

Wenden auf engem Raum

In Häfen und Marinas ist es häufiger so eng, daß man beim Wenden keine eleganten Kreisbögen fahren kann. Man befindet sich dann in einer ähnlichen Lage, wie wenn man ein Auto in einer engen Gasse wenden muß. Man bezeichnet dieses Wenden auf engstem Raum manchmal auch als Drei-Phasen-Wende, obwohl mehr als dreimaliges Vor- und Zurücksetzen durchaus erforderlich sein kann. „Passender" Wind oder Strom erleichtert das Manöver erheblich. Man sollte es unbedingt gründlich üben.

1. Verschaffen Sie sich einen kurzen Überblick über den Bereich, in dem Sie wenden wollen. Prüfen Sie Wind und Strom und halten Sie mit langsamer Fahrt voraus in Wind oder Strom, je nachdem, wer den größeren Einfluß auf das Boot hat.
2. Die erste Drehbewegung richtet sich beispielsweise nach Steuerbord. Haben Sie das Boot so weit wie beim vorhandenen Raum möglich gedreht, das Ruder stehen lassen und den Gashebel auf „neutral" stellen.
3. Sobald das Gas auf „neutral" steht, das Ruder zur anderen Seite einschlagen, in diesem Fall nach Backbord, und erst jetzt den Rückwärtsgang einkuppeln, damit das Heck herumgezogen wlrd.
4. Ziehen Sie mit dieser Ruderstellung das Boot einen kurzen Augenblick achteraus, dann den Gashebel wieder auf „neutral" nehmen.
5. Jetzt das Ruder zur entgegengesetzten Seite einschlagen, in diesem Fall wieder Steuerbord, einkuppeln und Gas voraus geben. Nun sollte sich das Boot um 180°, in die entgegengesetzte Richtung, gedreht haben, und Sie können unbehindert davonfahren.

Ist das Manöver richtig gefahren worden, sollte man innerhalb von höchstens zwei Bootslängen die 180°-Drehung bewerkstelligt haben. Wind oder Strom können gegebenenfalls mithelfen,

Das Wenden mit einem kleinen Boot gelingt besser, wenn man den Bug in den Wind dreht. Ein größeres Boot wendet wahrscheinlich leichter, wenn man mit dem Heck in den Wind dreht.

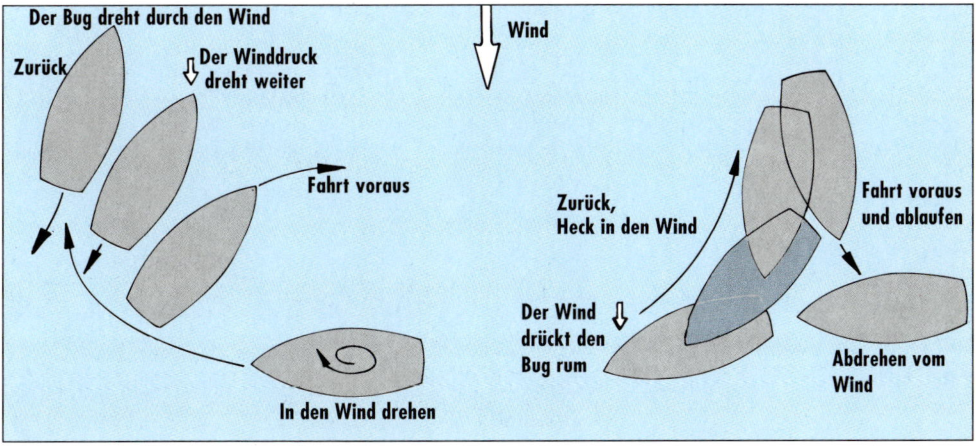

Zum Wenden auf engem Raum: das Boot in den Wind drehen.

Motor stopp, Motor zur anderen Seite einschlagen.

Mit voraus die Rückwärtsfahrt aufstoppen und... ▸

...weiter mit Fahrt voraus ablaufen. ▸▸

Rückwärtsfahrt, der Wind hilft den Bug herumzudrücken.

Motor stopp, Motor zur anderen Seite einschlagen.

die Drehung zu beschleuigen, wenn sie in der kurzen Zwischenphase, in der das Boot keine Fahrt macht, den Bug herumdrücken. Wichtig ist: zunächst das Ruder einschlagen, dann erst einkuppeln und Gas geben. Der Propeller muß, bevor er zu ziehen oder zu schieben beginnt, bereits in die Richtung weisen, in die Sie fahren wollen.

Probieren Sie das Wenden auf engem Raum zunächst in freiem Wasser, wo Ihnen niemand in die Quere kommt. Eine vollständige Drehung um 360 ° besteht aus drei weiteren Phasen des gleichen Vor- und Zurück-Manövers. Auch das sollten Sie üben.

Wenden mit Zwillingsmotoren

Man kann mit einer Doppelmotorenanlage natürlich auf die gleiche Art wenden. Allerdings wir das niemand tun. Man geht mit der äußeren Maschine voraus und mit der inneren zurück. Mit geschickt dosierter unterschiedlicher Drehzahl auf den Motoren läßt sich das Boot so auf der Stelle drehen, daß sich seine Drehachse tatsächlich nicht vom Fleck bewegt.

Manöver in Wind und Wellen

Bei langsamer Fahrt versuchen seitlicher Wind oder Strom, je nachdem wer den stärkeren Einfluß hat, das Boot ebenfalls seitlich zu versetzen. Mit zunehmender Erfahrung und Fahrpraxis kann man das geschickt beim Manövrieren nutzen.

Versuchen Sie beispielsweise, das Boot zwischen zwei Bojen seitlich hin und her zu bewegen, während Sie das Boot mehr oder weniger im Strom auf Position halten. Wenn Sie eine Boje beispielsweise an Steuerbord erreichen, dosieren Sie das Gas so, daß das Boot gerade den Strom ausfährt, also neben der Boje liegen bleibt. Dann legen Sie langsam Backbord-Ruder, so daß der Rumpf von der Steuerbordseite angeströmt wird. Dreht der Motor mit der richtigen Drehzal, gleitet das Boot langsam zur Backbord-Boje hinüber. Legen Sie nun Gegenruder, werden Sie dort behutsam längsseits gehen und auf Position bleiben. Nun sollten Sie das Manöver in umgekehrter Richtung durchführen und nach Steuerbord zurücktreiben. Machen Sie das solange, bis Sie diese Technik sicher beherrschen.

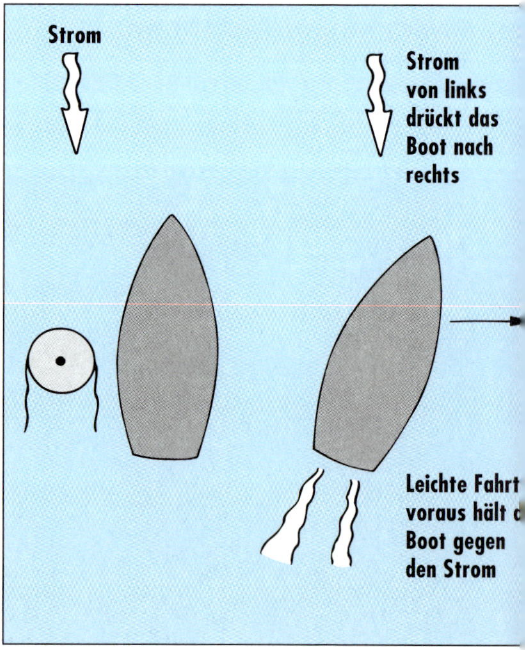

Liegt das Boot in einem Anstellwinkel zum Strom oder Wind mit so langsam drehendem Propeller, daß es keine Fahrt voraus macht, wird es seitlich versetzt. Man kann diesen Effekt bei engen Manövern nutzen.

Begegnungen auf dem Wasser

Ob auf einem Fluß, einem See oder auch in Küstengewässern – man ist meistens nicht allein auf dem Wasser. Oft muß man es mit der großen und eiligen Berufsschiffahrt teilen. Der sollten Sie besonders respektvoll begegnen. Nicht nur wegen der Kollisionsgefahr – das heißt, der Gefahr von ihr überrannt zu werden –, sondern die allzu dichte Annäherung ist noch mit einem anderen, weniger bekannten Risiko verbunden.

Sie haben sicher schon mal auf einem Bahnsteig gestanden, und ein schneller Zug brauste durch die Station. Wahrscheinlich haben Sie dabei bemerkt, daß der heranrollende Zug eine Luftdruckwelle vor sich herschob. Just in dem Moment, wo die Zugspitze vorbei war, entstand ein spürbarer Sog. Der ist im übrigen mit ein Grund, weshalb die Fahrgäste aufgefordert werden, von der Bahnsteigkante zurückzutreten.

Ähnliches geschieht, wenn sich ein Boot durchs Wasser bewegt mit dem kleinen Unterschied, daß das Medium Wasser erheblich dichter ist als das Medium Luft. Entsprechend sind auch die Druckwellen im Wasser erheblich stärker. Bei einem Verdrängerboot sind sie deutlich als Bug- und Heckwellen ausgeprägt. Das ebenfalls

In Verdrängerfahrt ist das Wellental zwischen Bug- und Heckwelle deutlich ausgeprägt. Hier befindet sich die Unterdruck- oder Sogzone.

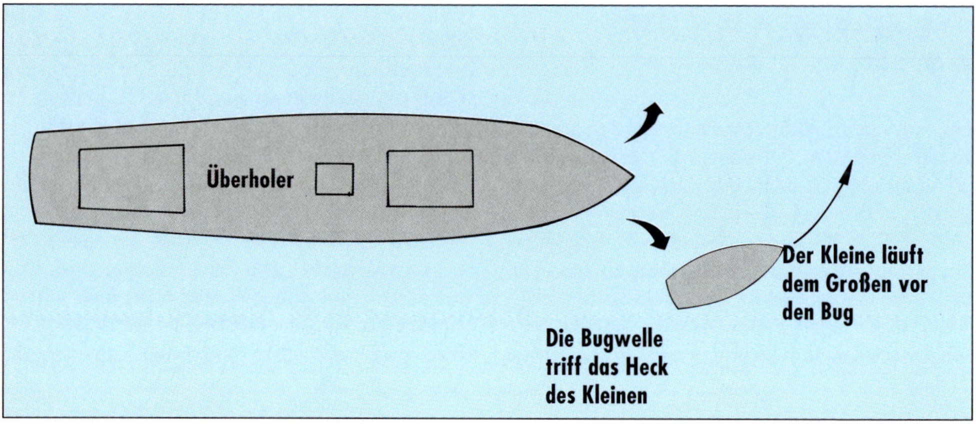

Die Bugwelle eines großen überholenden Schiffes drückt das Heck eines kleinen leichten Bootes zur Seite, so daß Gefahr besteht, vor den Bug des Großen zu laufen.

Wird man von einem Schiff überholt, verführt die Druckwelle zu einer wilden Ruderarbeit. Richtiger ist es, unbeirrt Kurs geradeaus beizubehalten, denn die Kräfte von Bugwelle, Sogzone und Heckwelle heben sich weitgehend gegeneinander auf.

deutlich zu erkennende Wellental dazwischen ist der Sogbereich. Hier, ungefähr in der Mitte, wird das Wasser tatsächlich unter den Rumpf gesogen.

Aus dieser Tatsache ergeben sich Konsequenzen für die Annäherung und Begegnung von Schiffen. So schiebt ein großes Schiff eine stark ausgeprägte Bugwelle vor sich her, die sogar mehrere Meter hoch sein kann. Sie hat die Tendenz, alles, was sich vor ihr bewegt, aus dem Kurs zu schieben. Wenn ein großes Berufsschiff ein kleines Boot in zu geringem Abstand überholt, drückt die Bugwelle das Heck des kleinen

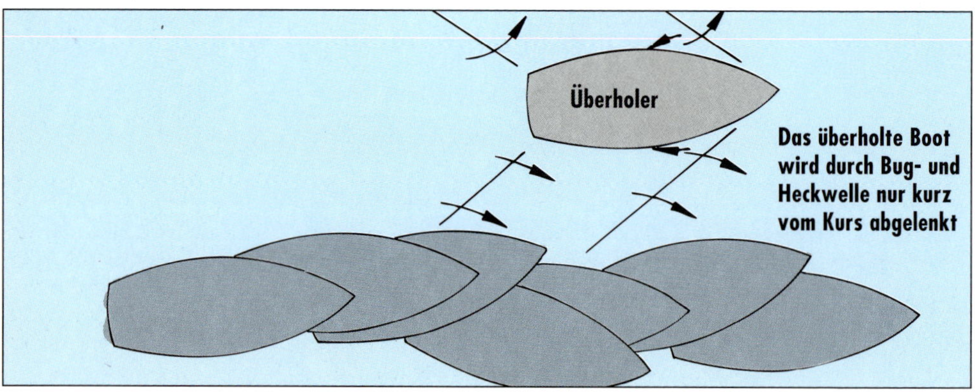

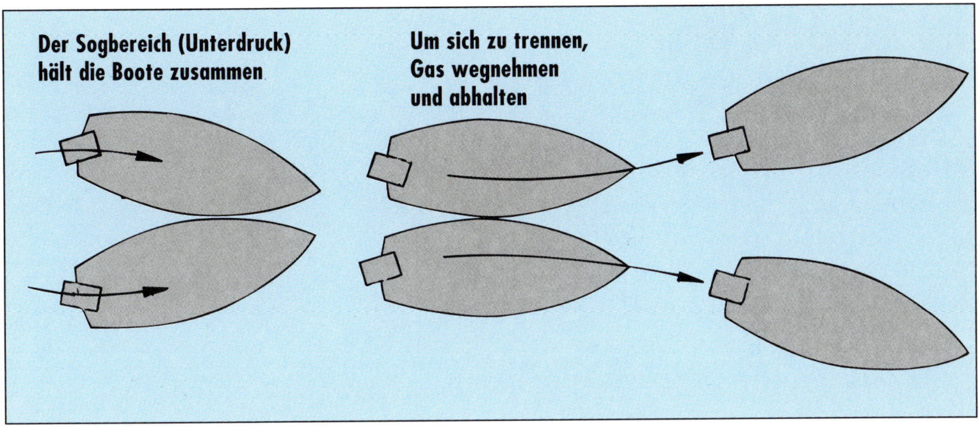

Man kann die Sogzone nutzen, um zwei Boote dicht beieinander zu halten.

Bootes beiseite. Trotz heftigen Gegenruders wird es von seinem ursprünglichen geraden Kurs abkommen und eine Drehtendenz vor den Bug des Großen erhalten. Wenn man wirklich einmal in eine solche kritische Situation gerät, gar nicht erst versuchen, gegen diese übermächtige Drehtendenz anzusteuern, sondern gleich volle Fahrt achteraus gehen.

Die Botschaft ist eindeutig: Halten Sie von allen Großschiffen beim Begegnen und Überholen so weit Abstand wie möglich. Gleichgültig, ob Sie selbst überholen oder ob Sie überholt werden. Langsame Verdränger sind übrigens stärker der Sogwirkung ausgesetzt als Gleiter.

Gegenseitige Beeinträchtigung gibt es aber auch bei kleineren Booten, denn auch sie haben ihre Druckwelle und ihren Sogbereich. Wenn sie zu nahe aneinander vorbeifahren, gibt es einen Punkt, in dem sich die Sogbereiche beider gegenüberliegen. In diesem Augenblick ziehen sich beide Boote mit Gewalt an.

Normalerweise vermeidet man diesen Effekt. Es gibt aber auch Situationen, in denen man ihn nutzen kann. Müssen beispielsweise zwei Motorboote, aus irgendeinem Grund, in Fahrt miteinander operieren, bringen routinierte Fahrer beide Boote mit gleicher Geschwindigkeit nebeneinander. Die Sogwirkung hält sie sozusagen „Schulter an Schulter“. Wollen sie wieder "auseinander", wird auf beiden Booten gleichzeitig langsam die Fahrt herausgenommen und dann voneinander weggesteuert.

Noch eine andere Art der Beeinträchtigung kann man auf jedem Boot beobachten, das schnell durch flaches Wasser fährt. Der Rumpf drückt Wasser beiseite, so daß zwischen Bootsboden und Grund eine Art Vakuum entsteht. Das verringert den Schub des Propellers und damit die Geschwindigkeit. Das Boot scheint vom Grund festgehalten zu werden. Am besten halten Sie sich solchen Flachs fern. Ist das nicht möglich, muß man seine Fahrt reduzieren.

In Gleitfahrt

Jeder, der ein Gleitboot besitzt, und das ist das Gros aller Motorbootfahrer, möchte sein Boot natürlich auch ausfahren und nicht nur in Verdrängerfahrt dahinzuckeln. In Gleitfahrt über eine glatte Wasserfläche dahinzuzischen, erweckt wohl in jedem ein unbeschreibliches Glücksgefühl. Abgesehen davon ist Verdrängerfahrt für ein Gleitboot höchst unwirtschaftlich, und dem Motor bekommt sie ebenfalls nicht gut. Einige Dinge sollten Sie aber unbedingt wissen, bevor Sie den Gashebel bis zum Anschlag umlegen.

Die Sicherheit der Besatzung

Sie selbst haben als festen Halt das Lenkrad in der Hand und den Quickstop angelegt. Ihr erfahrener Beifahrer weiß, daß eine Hand ständig an den – hoffentlich vorhandenen – Beifahrergriff gehört. (Leider zählt der Beifahrergriff nicht immer zur „Standardausrüstung“ eines Gleitbootes. Das ist entschieden ein Sicherheitsmanko. Sie sollten ihn unbedingt montieren lassen.) Doch Sie werden sicher gelegentlich auch Gäste mitnehmen, die das Fahrverhalten eines Gleitbootes nicht kennen. Weisen Sie jedem seinen Sitzplatz zu, zeigen Sie ihm, wo er sich festhalten kann und beschwören Sie ihn, ja nicht während der Fahrt aufzustehen.

Natürlich geben Sie erst Gas, wenn alle sicher sitzen. Sagen Sie ihren Gästen Bescheid, bevor Sie Ihr Boot in eine enge Kurve legen und was geschieht, wenn Sie in voller Gleitfahrt das Gas zurücknehmen (müssen): das Boot fällt ruckartig zurück, und von hinten kommt eine oft eindruckvolle Heckwelle aufgelaufen. Selbstverständlich verzichten Sie darauf, Ihren Gästen riskante Kunststückchen mit Ihrem Boot vorzuführen. Selbst wenn Sie diese inzwischen sicher beherrschen. Sie könnten Ihren Mitfahrern Angst machen, so daß die schließlich froh sind, wenn sie wieder an Land können. Das aber hatten Sie sicher nicht beabsichtigt. Seltsamerweise erscheint die Geschwindigkeit auf dem Wasser dreimal so schnell wie die gleiche Geschwindigkeit an Land. Man kann das vielleicht mit einem Videospiel vergleichen, in dem alles in rasender Fahrt auf einen zukommt und vorbeifliegt. Für den, der das nicht gewohnt ist, vielleicht eine interessante, unter Umständen aber auch eine beängstigende Erfahrung.

Für Sie, den Fahrer, ist absolute Konzentration und Aufmerksamkeit erforderlich. Keilen Sie sich gut in Ihrem Sitz fest. Man wird dann gewissermaßen ein Teil des Bootes, ähnlich wie ein Motorradfahrer mit seinem Gefährt verwächst. Übung macht auch hier den Meister.

Man braucht viele Fahrstunden, um ein schnelles Gleitboot, in jeder denkbaren Situation, sicher zu beherrschen. Schließlich weiß man dann genau, wann man beschleunigen kann, wann man Fahrt herausnehmen muß, wann man eine Kurve einleiten muß und welche Geschwindigkeit man in der Kurve beibehalten kann. Man lernt mit einem Blick, die Höhe und Länge einer anrollenden Welle zu beurteilen, weiß wie man sie anschneiden muß und ob man dazu in Verdrängerfahrt heruntergehen muß oder die Geschwindigkeit beibehalten kann. Man erkennt Untiefen von weitem und weiß die Fließgeschwindigkeit eines Stromes einzuschätzen.

Vor allem, machen Sie sich nicht selbst etwas vor! Selbst wenn Prospekt und Händler Ihnen versprechen, daß Ihr Boot 40 km/h schnell ist, heißt das noch lange nicht, daß ein Bootsneuling auch in der Lage ist, die zu fahren. Seien Sie lieber vorsichtig und versuchen Sie, Ihre Grenzen zu erkennen. Und vergessen Sie niemals: Raserei allein ist kein Zeichen für Können!

In Verdrängerfahrt langsam Gas geben.

Das Boot ins Gleiten bringen

Für Ihre erste Gleitfahrt sollten Sie sich glattes Wasser suchen mit viel freiem Raum ringsum, abseits von Geschwindigkeitsbeschränkungen und befahrenen Schiffahrtsstraßen.

Spielen wir das Szenario noch einmal von Anfang an durch: Sie haben abgelegt und geben Gas. Das Boot wird schneller, der Bug beginnt zu steigen, das Heck einzusacken. Jetzt haben Sie die Rumpfgeschwindigkeit erreicht. Sie geben mehr Gas. Allmählich wandert die Bugwelle weiter nach hinten und die Heckwelle beginnt, sich vom Heck zu lösen. Sobald das Boot auf seiner Bugwelle reitet, hält man das Gas und merkt sich die Drehzahl. Der Bug senkt sich wieder, das Boot hat Gleitfahrt erreicht. Es wird jetzt merklich schneller, obwohl Sie nicht mehr Gas gegeben haben. Sie nehmen das Gas etwas zurück, und das Boot hält seine Geschwindigkeit bei. Auch diese Drehzahl sollten Sie sich merken. Denn wenn

Der Bug steigt, das Heck sackt ab. Mehr Gas geben.

Sie zu viel Gas wegnehmen, sackt das Boot ruckartig in Verdrängerfahrt zurück, und Sie müssen es erneut, mit viel Gas, über den „Buckel“ der Rumpfgeschwindigkeit hinwegbringen.

Kurz zusammengefaßt: Erreicht das Boot seine Rumpfgeschwindigkeit, bildet sich ein Widerstandsbuckel. Die Haftung des Bootsbodens am Wasser ist am größten. Sie zu überwinden erfordert viel (Motor-)Kraft. Das ist der Grund, weshalb Gleitboote wesentlich stärker motorisiert sein müssen als Verdränger. Gleitet ein Boot jedoch, erhält es sogenannten dynamischen Auftrieb. Es wird dadurch leichter und die vom Wasser benetzte Bodenfläche verringert sich erheblich. Deshalb ist jetzt weniger Antriebskraft erforderlich, das Gas kann zurückgenommen werden.

Zurück in die Verdrängerfahrt. Nehmen Sie das Gas allmählich weiter zurück. Das Boot wird langsamer und hört schließlich auf zu gleiten. Die Bugwelle wandert wieder nach vorne an den Bug, die Heckwelle ans Heck. Gehen Sie weiter mit dem Gas herunter und lassen Sie das Boot auslaufen.

Wiederholen Sie das Ganze und beobachten Sie dabei einmal die Heckwelle in der Endphase der Gleitfahrt. So wie das Bootsgewicht zunimmt, weil der dynamische Auftrieb verloren geht, steigt auch die Heckwelle an. Bedenken Sie, daß die Heckwelle die gleiche Geschwindigkeit hat wie das Boot. Bei langsamer Reduzierung der Fahrt holt die Heckwelle das Boot nur langsam ein. Stoppen Sie aber aus voller Gleitfahrt heraus, kommt die Heckwelle mit ziemlicher Geschwindigkeit herangerauscht. Möglicherweise wird sie brechen, in die Motorwanne einsteigen und den Außenborder so unter Wasser setzen, daß es Startschwierigkeiten gibt. Die anrollende Heckwelle kann das Boot einige Meter nach vorne puschen.

Das Heck kommt wieder hoch, das Boot gleitet. Gas wieder etwas zurücknehmen.

Gas weiter zurücknehmen beendet die Gleitfahrt.

Stoppt man plötzlich aus Gleitfahrt heraus, überholt die eigene Heckwelle das Boot und kann dabei womöglich über die Motorwanne ins Cockpit einsteigen. Auf jeden Fall puscht sie das Boot ein Stück nach vorne.

Mit einem kurzen Gasstoß voraus kann man der anrollenden Heckwelle entkommen und so verhindern, daß sie hinten einsteigt. Aber früher oder später einmal müssen Sie Ihr Boot in einer Notsituation plötzlich und schnell zum Halten bringen. Dazu benötigen Sie eine spezielle Technik.

Der Notstopp

Wenn sich das Boot in schneller Gleitfahrt befindet und eine Situation eintritt, die verlangt, das Boot sofort zu stoppen, nehmen Sie Gas weg und schlagen gleichzeitig das Ruder hart nach rechts oder links ein. Das Boot rutscht

Eine Kollision mit einem anderen Boot und eine einsteigende Heckwelle lassen sich vermeiden, indem man den Gashebel zurücknimmt und gleichzeitig eine scharfe Kurve fährt. Die Heckwelle läuft geradeaus weiter am Heck vorbei.

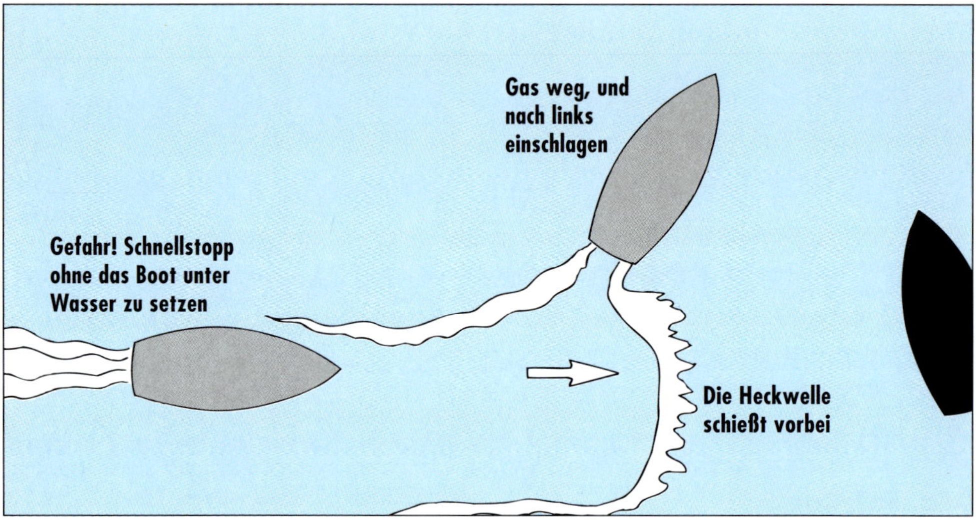

Die Zeichnung veranschaulicht die Situation noch einmal.

seitlich weg und stoppt auf, während die Heckwelle zur anderen Seite am Heck vorbeirollt. Das Boot sollte bei diesem Notmanöver innerhalb von zwei oder drei Bootslängen zum Stillstand kommen.

Üben Sie diesen Notstopp, beginnend mit niedrigerer Drehzahl, bis Sie ihn auch bei hoher Geschwindkeit aus dem Effeff beherrschen. Unterschiedliche Rümpfe mit unterschiedlichen Gewichten reagieren auch unterschiedlich. Deshalb ist es so wichtig, sein Boot genau zu kennen.

Kurven bei hoher Geschwindigkeit

Kurvenfahren bei hoher Geschwindigkeit verlangt eine gefühlvolle Hand am Gashebel und eine vorherige Information der Mitfahrenden. Sagen Sie Ihnen, was für eine Kurve Sie fahren wollen. Bedenken Sie, daß sich ein Boot in Gleitfahrt stark kurveneinwärts neigt und die Fliehkräfte nicht unerheblich sind. Da könnte, in einem flachen Boot, schon mal jemand über Bord fliegen, wenn er sich nicht gut festhält. Sie halten sich am Lenkrad fest. Ihre Mitfahrer haben diesen Halt nicht!

Weite S-Kurven fährt man, ohne das Gas zurückzunehmen. Vor einer engen Kurve wird das Gas so weit zurückgenommen, daß man gerade noch sauber gleitet. Die Drehzahl sinkt in der Kurve ohnehin etwas ab. Nimmt man zu viel Gas weg, könnte das Boot in der Kurve in Verdrängerfahrt zurückfallen. Gegen Ende der Kurve wird dann wieder Gas gegeben.

Eine Haarnadelkurve wird im Prinzip genauso gefahren. Fällt die Drehzahl zu sehr ab, müssen Sie bereits mitten in der Kurve wieder mehr Gas geben und nicht erst, wenn Sie auf die Gerade eindrehen. In der Kurvenfahrt gehört eine Hand stets an den Gashebel, um entsprechend reagieren und dosieren zu können.

Sie sollten Ihre Mitfahrer unbedingt auffordern, sich festzuhalten, wenn Sie sich mit hoher Geschwindigkeit so in die Kurve legen wollen.

Bei einer weiten S-Kurve braucht man Gas nicht zurückzunehmen.

Sie sollten auch üben, einen Kreis zu fahren. Dabei gewinnt man am besten ein Verhältnis und Vertrauen zu seinem Boot und zu sich selbst. Beginnen Sie mit der untersten Gleitstufe. Je enger Sie den Drehkreis fahren, umso mehr legt sich das Boot kurveneinwärts. Stimmen Motorisierung und Rumpf, geschieht überhaupt nichts. Sie können das Boot unmittelbar aus dem Kreisbogen in die Gerade ziehen. Passen Rumpf und Motor nicht ganz so gut zueinander, schnappt der Propeller Luft. Der Motor heult auf, und das Boot verliert schlagartig an Fahrt. Da hilft nur, das Gas sofort auf Null zurücknehmen. Gleiches gilt, wenn das Boot „einhakt". Das heißt, man bekommt es nicht wieder aus der Drehbewegung herausgerissen und auf Geradeaus-Fahrt gebracht. Sollte Ihnen eins von beidem mit Ihrem Boot geschehen, wissen Sie künftig, was Sie ihm nicht zutrauen dürfen.

Vor einer engen Kurve das Gas zurücknehmen.

Bei Wellen sollte man enge Kurven mit hoher Geschwindigkeit besser unterlassen. Unterläuft Ihnen ein Fehler am Gashebel und trifft eine Welle den Rumpf unglücklich von der Seite, kann ein leichteres Boot glatt umgeworfen werden. Und damit hört dann aller Spaß endgültig auf.

Motortrimm

Kleinere Außenborder haben auf dem Segment des Kippbügels vier bis fünf Trimmlöcher. Mit einem Steckbolzen läßt sich hier der Anstellwinkel des Schaftes verändern. Das muß von Hand bewerkstelligt werden und geht natürlich nur bei abgestelltem Motor. Bei den stärkeren

Außenbordern und allen Z-Trieben ermöglicht eine PowerTrim genannte Hydraulik, den Anstellwinkel des Schaftes stufenlos vom Fahrstand aus einzustellen. Der Schaft muß bei Gleitfahrt im rechten Winkel im Wasser stehen. Nur so kann der Propeller seine Schubkraft voll entwickeln. Das macht bereits deutlich, daß der Anstellwinkel theoretisch bei Verdrängerfahrt und Gleitfahrt ein anderer sein muß. Bei Verdrängerfahrt liegt das Boot waagerecht im Wasser, in Gleitfahrt läuft es mit einem zwischen 2° und 4° angehobenen Bug. Mit einem Steckbolzen läßt sich darauf nicht reagieren, wohl aber mit einer ferngesteuerten Hydraulik.

Da sich durch unterschiedliche Belastung vorne oder hinten der Längstrimm des Bootes verändert, muß entsprechend auch der Anstellwinkel des Motorschaftes verändert werden. Die genau richtige Stellung des Schaftes läßt sich nur durch Trimmfahrten herausfinden. Man durchläuft mehrmals mit derselben Drehzahl eine abgemessene Strecke, den Motor aber in verschiedenen Trimmlöchern, und stoppt die Zeit.

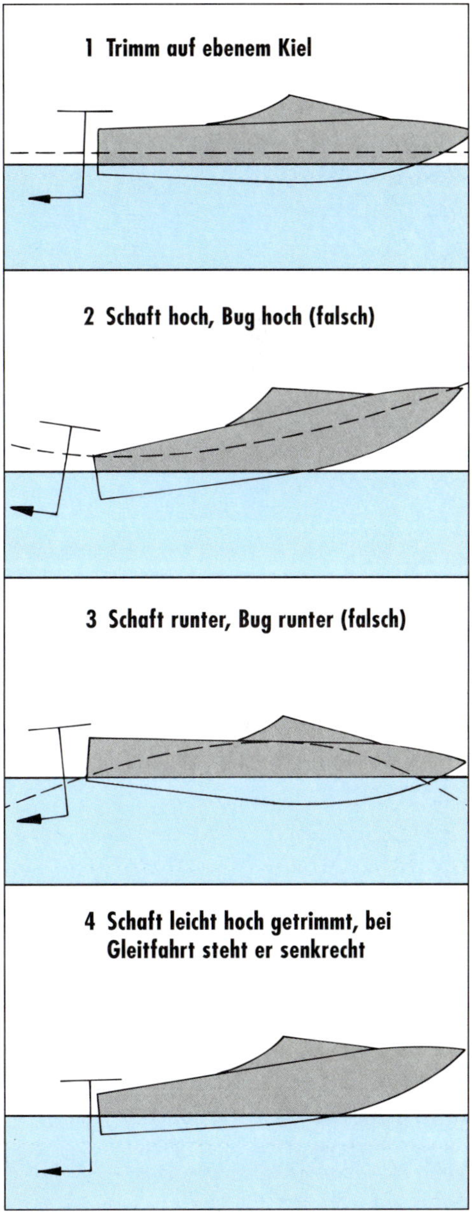

Bei senkrecht gestelltem Motorschaft wird das Boot genau auf seiner Schwimmwasserlinie gehalten. Das entspräche Verdrängerfahrt (1).
Wird der Schaft zu weit nach hinten getrimmt (hecklastiger Trimm), kommt der Bug zu weit aus dem Wasser, das Boot wird Schwierigkeiten haben, ins Gleiten zu kommen (2).
Wird der Schaft zu dicht an den Spigel geholt (buglastiger Trimm), kommt das Heck zu weit aus dem Wasser. Es besteht die Gefahr, daß der Bug unterschneidet (3).
Beim idealen Anstellwinkel des Schaftes wird der Bug leicht angehoben. Das Boot gleitet „leichtfüßig“ übers Wasser (4).

Fahrt mit nach hinten getrimmtem Schaft: das Heck sackt weg, der Bug kommt hoch raus, das Boot erreicht nicht seine Spitzengeschwindigkeit und fährt unwirtschaftlich.

Fahrt mit nach vorne getrimmtem Schaft: das Boot wird in voller Länge aufs Wasser gedrückt, die Kursstabilität nimmt zu. Aber das Boot ist schwer ins Gleiten zu bringen und erreicht ebenfalls nicht seine Spitzengeschwindigkeit.

Mit leicht nach hinten getrimmtem Schaft berührt das Boot fast nur noch mit dem Heck das Wasser. Es gleitet leicht, erreicht seine Höchstgeschwindigkeit und fährt wirtschaftlich.

..Bei der kürzesten Zeit liegt der ideale Trimmwinkel und die wirtschaftlichste Fahrweise. Ein Drehzahlmesser ist – das kann gar nicht deutlich genug gesagt werden – das wichtigste Anzeigeinstrument in einem Motorboot.

Trimmen mit PowerTrim

Er ermöglicht ein Trimmen während der Fahrt. So kann man beim Anfahren den Schaft senkrecht zum Spiegel trimmen. Beginnt das Boot zu gleiten, wird der Schaft weiter vom Spiegel weg getrimmt. Stellt man ihn aber zu weit ab, hebt sich der Bug, und das Boot beginnt, bei etwas unruhigerem Wasser, zu springen. Also wieder etwas dichter an den Spiegel ran mit dem Schaft. Ist er jedoch zu dicht angestellt, wird der Bug heruntergedrückt, das Boot kommt nur schwer ins Gleiten oder macht unangenehme Nickbewegungen. Der Umgang mit dem PowerTrim verlangt, wie diese Beispiele zeigen, Erfahrung und Einfühlungsvermögen.

Kurven leitet man ein, indem man den Schaft, der in Gleitfahrt etwas nach außen getrimmt ist, nach innen trimmt. Der Bug senkt sich und gibt dem Rumpf eine bessere Wasserhaftung, einen besseren „Griff“. Dadurch verhindert man, daß das Boot zur Seite wegrutscht. Vielmehr wird es wie auf Schienen um die Kurve laufen. Wenn man auf der Geraden wieder beschleunigt, trimmt man den Motor in seine alte Gleitstellung zurück.

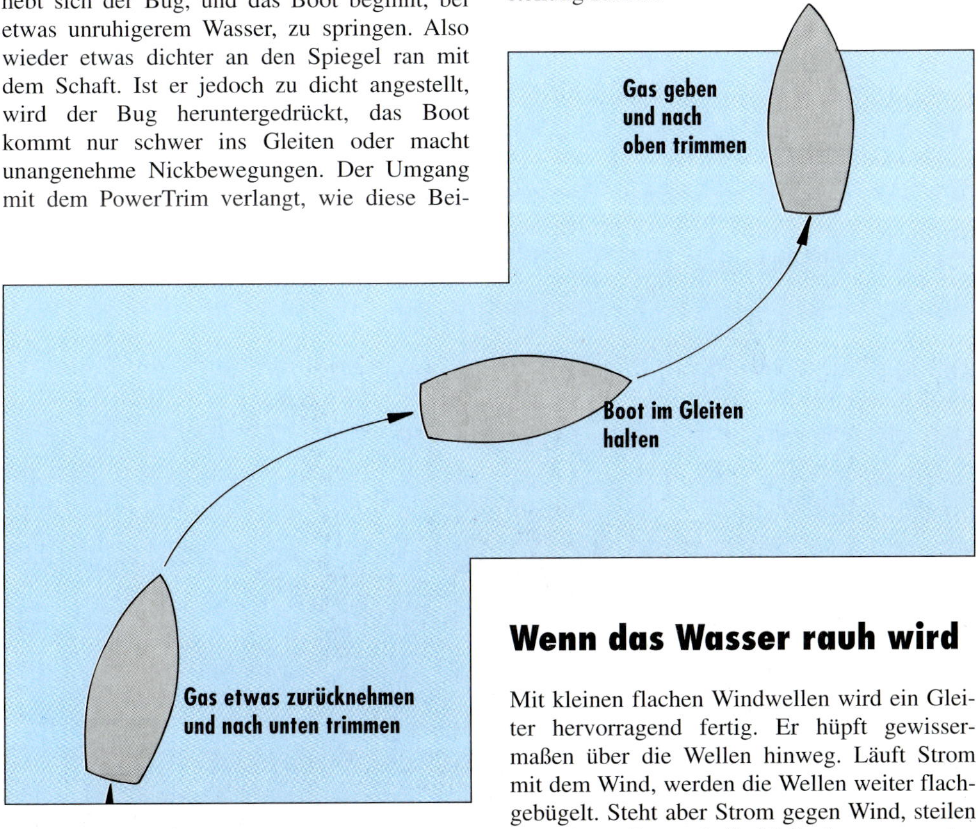

Kurvenfahrt mit PowerTrim.

Wenn das Wasser rauh wird

Mit kleinen flachen Windwellen wird ein Gleiter hervorragend fertig. Er hüpft gewissermaßen über die Wellen hinweg. Läuft Strom mit dem Wind, werden die Wellen weiter flachgebügelt. Steht aber Strom gegen Wind, steilen sich die Wellen auf, die Wellenkämme werden spitzer und schärfer, und das Boot beginnt unangenehm zu schlagen. Selbstverständlich schlägt es auch in steileren Windwellen. Oder es macht regelrechte Luftsprünge und klatscht von oben auf die Wellen herab. Gefährlich ist das absolut nicht, nur etwas strapaziös für die Bandscheiben. Was man übrigens als unangenehmes Schlagen empfindet, liegt bei jedem selbst. Gleichwohl hat jedes Gleitboot seine Grenzen. Nur das kleinere wesentlich früher. Von einer bestimmten Wellenhöhe an wird das Schlagen für jeden normalen Fahrer unerträglich. (Für professionelle Rennboot-Cracks gelten da andere Maßstäbe.) Dann ist nur noch langsame Verdrängerfahrt möglich. Allerdings macht es auch hier wieder einen Unterschied, ob man mit der Windwelle läuft oder gegenanbolzen muß.

Ein Gleiter springt gewissermaßen über die Wellen und setzt dabei nur mit dem Heck auf. Das Spritzwasser wird weit zur Seite gefetzt.

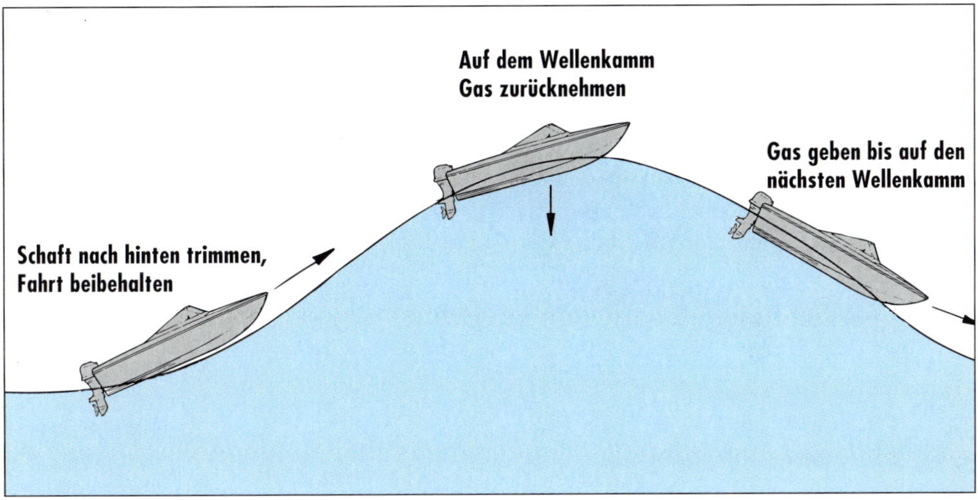

Manchmal kann „weiches" Fahren auch eine Frage der Courage sein, den Gashebel weiter runterzudrücken. Bei langsamer Gleitfahrt setzen viele Boote ziemlich weit vorne ein. Meistens genau im Bereich der Fahrersitze. Am Einsatzpunkt aber sind die Schläge am unangenehmsten. Sobald man mehr beschleunigt, wandert der Einsatzpunkt des Bootes weiter nach hinten.

Das scheinbar Paradoxe tritt ein: Das Wasser wird zwar durch die höhere Geschwindigkeit „härter", der Lauf des Bootes jedoch von Fahrer und Beifahrer als weicher und damit angenehmer empfunden.

Werden die Wellen höher – das können auch die Bugwellen großer Berufsschiffe sein –, ist eine andere Fahrtechnik gefragt. In Gegenanfahrt muß der Bug hochgetrimmt werden, damit er nicht unterschneidet und U-Boot spielt. Deshalb sollten die Mitfahrer hinten im Boot sitzen – das ist ohnehin der angenehmste Platz –, und der Motorschaft sollte weg vom Spiegel getrimmt werden. Am besten eignet sich für solches Wetter eine Fahrstufe kurz bevor das Boot in Gleitfahrt übergeht. Da hebt es den Bug am höchsten aus dem Wasser. Man nennt das auch „Schiebefahrt".

Solches Gegenanfahren ist harte Arbeit am Gashebel. Fahren Sie den Hang der Welle mit Gas hoch. Sobald der Bug den Wellenkamm erklommen hat, das Gas wegnehmen. Dadurch vermeidet man, daß das Boot entweder über den Wellenkamm hinausschießt und in die nächste Welle klatscht oder beim Überkippen über den Kamm der Propeller mit hoher Drehzahl leerschlägt. Bei der Abwärtsfahrt wieder etwas Gas geben und im Wellental voll aufdrehen, um den nächsten Wellenhang anzugehen. Wesentlich angenehmer ist es, mit der Welle zu fahren, wenn es gelingt, sein Tempo in etwa der Fortpflanzungsgeschwindigkeit der Welle anzupassen. Auch quer zur Welle lassen sich Gleiter verhältnismäßig gut fahren. Unter Umständen schneller und entschieden angenehmer als auf allen anderen Kursen.

Verdränger sind unproblematischer. Sie springen nicht, sondern „boxen“ sich durch die Wellen. Dabei gibt es allerdings viel Spritzwasser, und quer zur Welle können sie sich unangenehm aufschaukeln.

Ein Verdränger (hier gerade in einem Wellental) schaufelt sich sozusagen durch die Wellen. Er läuft weicher als ein Gleiter, nimmt aber auch mehr Spritzwasser über.

Aber diese Betrachtungen sollten eigentlich für Sie mehr von akademischen Interesse sein. Denn bei solchen Wetterverhältnissen hat ein Einsteiger, mit seinem verhältnismäßig kleinen Boot, nichts auf dem Wasser verloren. Es wäre unverantwortlich, bei einer unsicheren Wetterlage loszufahren, die einen später in Schwierigkeiten bringen könnte.

Verkehrsregeln

Leider gehört das Wasser uns nicht allein. Wir müssen es mit zahlreichen anderen „Verkehrsteilnehmern“ teilen. Seien es Berufsschiffe oder andere Sportfahrzeuge: Motorboote, Segler, Ruderboote oder Surfer. So kommt man denn auch auf dem Wasser nicht ohne eine gesetzliche Verkehrsregelung aus. Besonders für die Vorfahrt. Nicht selten hat man gerade mit seinem Boot abgelegt, und schon kommt einem jemand von irgendeiner Seite in die Quere. Und es erhebt sich Frage: Wer muß denn nun wem ausweichen?

Um die Sache noch etwas zu kompliziern, gibt es auf dem Wasser sogar zwei große, etwas unterschiedliche Verkehrsordnungen: eine für Binnengewässer – die sogenannte Binnenschifffahrtsstraßen-Ordnung – und eine für Küstengewässer – die Seeschiffahrtsstraßen-Ordnung – und außerdem noch Verkehrsverordnungen von Landes- oder Kommunalbehörden. Man kann also nicht auf einem beliebigen Gewässer sein Boot einsetzen und losfahren. Es ist unerläßlich, vor dem Befahren eines fremden Reviers sich bei den zuständigen Schiffahrtsbehörden nach den geltenden Vorschriften zu erkundigen. In den Regeln aber, die uns hier interessieren, den Ausweichregeln, stimmen glücklicherweise alle Schiffahrtsverordnungen weitgehend überein:

- Motorboote müssen allen Seglern, Surfern und Ruderbooten ausweichen. Auf Binnenwasserstraßen auch der gesamten Berufsschiffahrt. Im Küstenbereich, auf Seeschifffahrtsstraßen, haben sie die gleichen Rechte wie beispielsweise ein großer Tanker. Daß

Kommen sich zwei Boote entgegen, weicht jedes nach rechts (Steuerbord) aus.

sie auch dort der Berufsschiffahrt aus dem Wege gehen, sollte selbstverständlich sein. Denn zum einen sind sie weitaus beweglicher als der Große, zum anderen können sie von ihm leicht übersehen werden. In schmalen Fahrwassern könnten zudem die großen Pötte gar nicht ausweichen, weil sie wegen ihres Tiefgangs auf die Mitte des Fahrwassers angewiesen sind.

- Motorboote auf Gegenkurs (die genau auf einander zufahren) müssen beide nach rechts (Steuerbord) ausweichen.

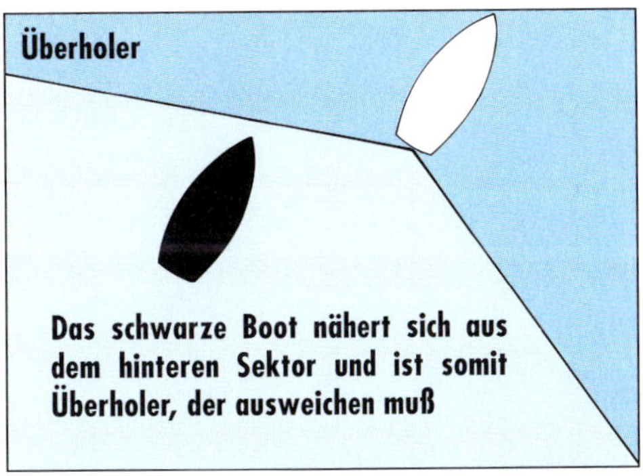

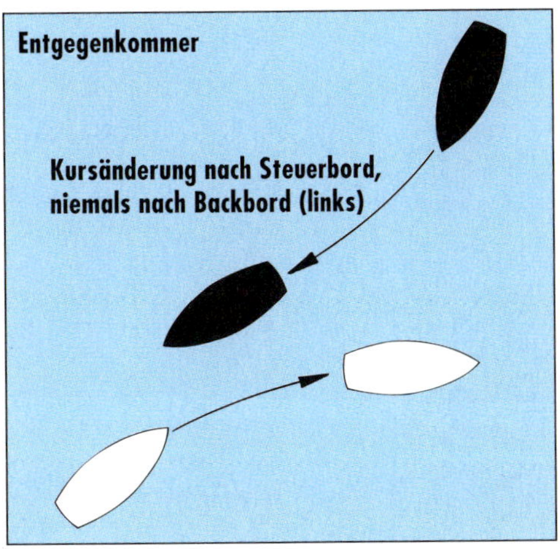

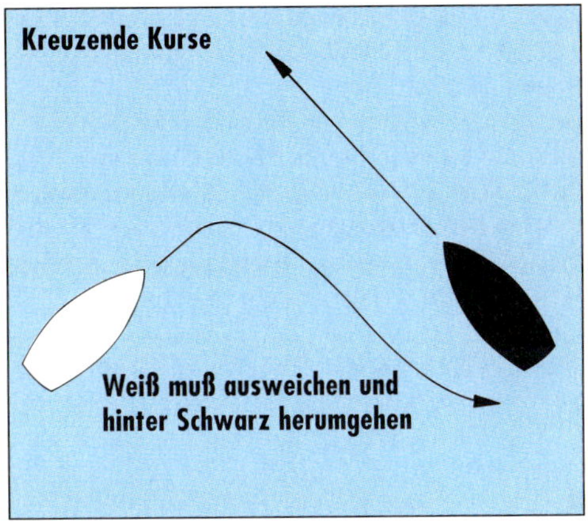

Einem Motorboot, daß sich von rechts (Steuerbord) nähert, müssen Sie ausweichen.

- Motorboote auf sich kreuzenden Kursen: Wer von rechts kommt hat Vorfahrt (genau wie im Straßenverkehr).
- Überholer müssen grundsätzlich ausweichen. Sie können rechts oder links überholen, wenn Sie sich vergewissert haben, daß das gefahrlos möglich ist. Auf Flüssen sollte man niemals überholen, wenn man nicht eine Flußstrecke vom mindestens 1 km übersehen kann. Also niemals in Krümmungen, aber das kennen Sie schließlich von der Landstraße genauso.

Im übrigen ist überholen, speziell auf Flüssen, so eine Sache. Die Rumpfgeschwindigkeit eines Verdrängers ist manchmal nicht viel höher als die Reisegeschwindigkeit eines Berufsschiffes. Deshalb kann das Überholen zu einer recht quälenden, sich über mehrere Flußkilometer hinschleppenden Angelegenheit werden. Da erhebt sich denn die Frage, ob das im einzelnen Fall sinnvoll erscheint, und man nicht lieber hinter dem Großen bleibt. Gleiter haben es da entschieden besser. Eventuell kurz Vollgas geben, und das Überholmanöver ist schnell beendet.

Wer ausweichpflichtig ist, muß seinen Kurs rechtzeitig und so entschlossen ändern, daß es für den „Wegeberechtigten" sofort zu erkennen ist und bei ihm keine Zweifel über die Absichten des anderen aufkommen.

- Der durchgehende Verkehr in einem Fahrwasser hat Vorfahrt vor Booten, die in das Fahrwasser einlaufen oder das Fahrwasser queren.
- In engen Hafeneinfahrten haben einlaufende Schiffe Vorfahrt vor auslaufenden.
- In Fahrwassern von Seeschiffahrtsstraßen muß rechts gefahren werden, auf Binnenwasserstraßen nicht.

Wenn Sie diese Regeln beherrschen, sollten Sie jedem Kollision genannten Zusammenstoß mit einem anderen Boot oder Schiff aus dem Wege gehen können.

Aus gegebenem Anlaß sei hier noch ein Hinweis gebracht: Es ist nicht nur grober Unfug, sondern auch verboten, den Kurs von Berufsschiffen in gefährlicher Weise zu kreuzen, zwischen dicht hintereinander folgenden Schiffen hindurchzufahren oder zwischen die einzelnen Anhänge eines Schleppverbandes zu laufen.

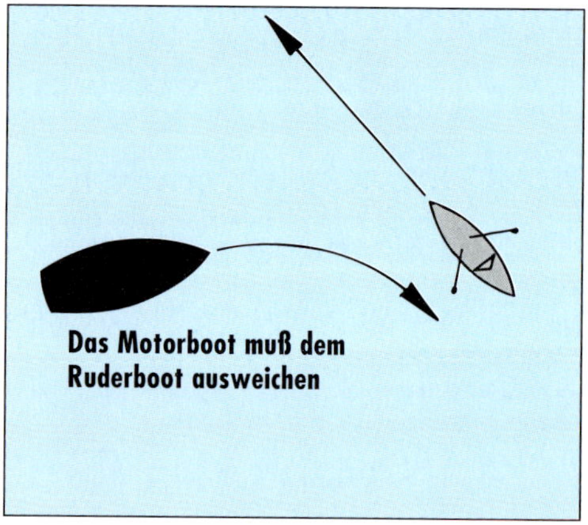

Festmachen und ankern

Auf diesem Bild erkennt man die Stromrichtung an der kleinen Boje. Sie hängt mit einer Leine an der großen Muringboje und treibt mit dem Strom. Die Kielboote im Hintergrund liegen ebenfalls in Stromrichtung. Das flachgehende Motorboot hingegen (links hinter dem linken Segler) wird vom Wind beeinflußt.

Einmal endet jede Fahrt, und man muß sein Boot wieder irgendwann und irgendwo festmachen. Gelegentlich gibt es Festmachebojen Meistens wird man allerdings an einen Steg heranfahren. Weil aber das Fischen und Festmachen an einer Boje häufiger zum Ausbildungsprogramm von Motorboot-Fahrschulen gehört, soll es hier etwas näher betrachtet werden. Anlegen an einer Boje hat gegenüber dem

Gegen Strom/Wind langsam an die Boje heranfahren.

Aufnehmen der Boje auf der rechten Seite (Fahrersitz!).

Anlegen am Steg zudem einen großen Vorteil: Bekommt man nicht rechtzeitig die Fahrt aus dem Boot, weil man zu spät auf rückwärts geschaltet hat oder Wind oder Strom kräftig schieben, kracht es nicht. Ein kleiner Schlenker, und das Boot umschifft die Boje.

An die Boje gehen

- Windrichtung und Windstärke,
- Richtung und Stärke des Stroms und
- das Zusammenspiel von Wind und Strom genau beobachten.

Außerdem sind zu berücksichtigen:

- das Gewicht des Bootes (ein schweres Boot hat einen längeren Auslauf als ein leichtes),
- die Geschwindigkeit des Bootes in der niedrigsten Fahrstufe und
- der zum Manövrieren zur Verfügung stehende Raum.

Um die Windrichtung festzustellen, hält man nach Flaggen oder ähnlichem Ausschau. Den Zug des Windes spürt man auch, wenn man sein Boot stoppt und treiben läßt.

Um die Stromrichtung herauszufinden, braucht man nur die Festmacheboje anzusehen. Nach welcher Seite legt sie sich über?
Bojen oder im Wasser verankerte Tonne neigen sich stets in Fließrichtung des Stromes. Überlegen Sie sich auch, nach welcher Seite Sie am besten wegkommen, wenn Sie das Anlegemanöver an der Boje verpatzen sollten.

So wird angelegt:

1. Fahren Sie mit langsamer Fahrt an die Boje heran.
2. Nehmen Sie in einem entsprechenden Abstand das Gas weg, und lassen Sie das Boot an die Boje herantreiben. Wenn Sie den Auslauf Ihres Bootes richtig eingeschätzt haben, kommen Sie entweder mit dem Bug oder längsseits an der Boje zum Stehen. Bei vielen Motorbooten ist es schwierig, übers Vordeck zu krabbeln, um die Boje aufzufischen. Man nimmt sie besser längsseits bequem aus dem Cockpit auf. Wenn man die Boje nicht zu fassen bekommt, weil das Boot noch zu viel Fahrt hat, besteht die

Festmachen der Vorleine an der Muringkette.

Zurücktreiben lassen, bis die Vorleine steif kommt, und Motor abstellen.

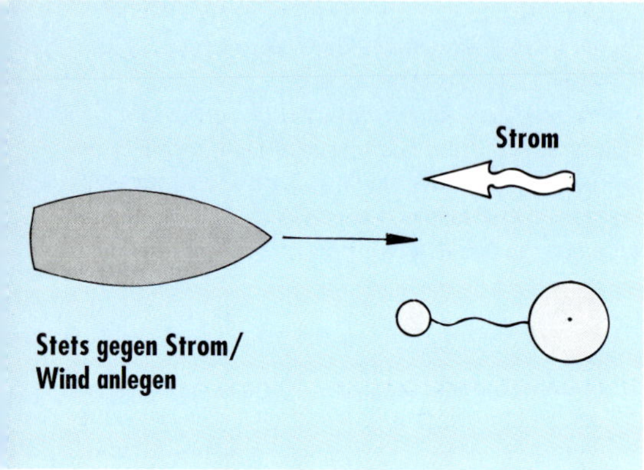

Gefahr, die Bojenleine zu überfahren und sie sich womöglich mit dem Propeller einzufangen. Deshalb sollte der Propeller auf jeden Fall ausgekuppelt sein.

3. Nehmen Sie die Festmacheboje auf, und belegen Sie Ihre Vorleine mit einem sicheren seemännischen Knoten – wie beispielsweise zwei Rundtörns mit zwei halben Schlägen – am Bojenring.
4. Ist die Vorleine festgemacht, lassen Sie die Boje seitlich über Bord. Das Boot wird nun ein paar Meter achteraus treiben und sich in Wind- oder Stromrichtung ausrichten wie die anderen Bojenlieger.

Ablegen von der Boje

Die Fahrt soll weitergehen oder das Boot an den Slip bugsiert werden:

1. Lassen Sie den Motor an und warmlaufen. Vergewissern Sie sich mit einem Blick in die Runde, daß kein anderes Boot das Ablegen behindert.
2. Mit langsamer Fahrt voraus längsseits an die Boje gehen. Dort die Vorleine mit der Hand oder mit dem Bootshaken auffischen, von der Boje lösen und an Deck belegen, damit sie nicht ins Wasser rutscht und womöglich in den Propeller gerät.
3. Ist der Propeller klar von der Bojenleine, ziehen Sie das Boot mit Achterausfahrt von der Boje weg. Dann sind Sie sicher, daß Ihr Propeller keine Probleme mit der Bojenleine bekommt. Befindet sich das Heck jedoch

Vor dem Ablegen den Motor warmlaufen lassen und sich umsehen, ob alles frei ist.

Langsam voraus fahren bis man die Boje rechts längsseits hat. Motor stopp, und die Vorleine von der Muringkette lösen.

weit genug vom Bojengeschirr entfernt, können Sie genauso gut mit langsamer Fahrt voraus die Boje hinter sich lassen. Sie sollten jedoch nicht gleich in einer Kurve von der Boje ablegen. Weil dabei zunächst das Heck herumschwingt, könnte sich der Propeller doch noch die Bojenleine einfangen.

Anlegen am Steg

Dies ist fraglos die häufigste Art, wie eine Motorbootfahrt endet, wenn man nicht gleich auf den Slip geht. Auch zum Tanken muß man üblicherweise an einem Steg anlegen. Im Prinzip spielt sich das Anlegen am Steg nicht viel anders ab als das Anlegen an einer Boje. Nur – eine Boje weicht aus, wenn man dagegenfährt. Ein Steg nicht!

1. Belegen Sie Vor- und Achterleine auf ihren Klampen und bringen Sie Fender aus.
2. Weht der Wind annähernd vom Steg her, fahren Sie langsam in einem steilen Winkel auf den Steg zu, nehmen rechtzeitig das Gas weg und lassen die Restfahrt vom Gegenwind abbremsen.
3. Sie selbst oder ein Mitfahrer springen mit Vor- und Achterleine auf den Steg, ziehen das Boot längsseits und belegen die Leinen, entweder mit Kreuzschlägen auf Klampen oder mit Palsteks an Pollern.

Gehen Wind oder Strom etwa parallel zum Steg, ist das Anlegen etwas einfacher.

1. Laufen Sie mit langsamer Fahrt, in einem so spitzen Winkel wie möglich, bis auf eine knappe Bootslänge an den Steg heran. Motor stoppen.
2. Schlagen Sie den Antrieb in Richtung Steg ein, und legen Sie den Rückwärtsgang ein. Dadurch wird die restliche Fahrt abgebremst und gleichzeitig das Heck in Richtung Steg gezogen.
3. Stoppen Sie den Motor. Schlagen Sie den Antrieb in die entgegengesetzte Richtung ein und geben Sie etwas Gas voraus. Sowie das Boot Fahrt aufnehmen will, den Antrieb

Die Vorleine ins Boot holen und sichern und sich vom Strom/Wind achteraus treiben lassen.

Wenn ringsum alles klar ist, einkuppeln, Gas geben und ablaufen. Dabei auf andere Muringleinen achten.

In einem spitzen Winkel den Steg anlaufen.

Den Motor zum Steg einschlagen und auf „neutral" schalten.

mittschiffs nehmen und den Motor stoppen. Das Boot sollte jetzt parallel zum Steg liegen, so daß jemand bequem auf den Steg steigen und die Leinen festmachen kann.

Ablegen vom Steg

1. Lassen Sie den Motor warmlaufen und stellen Sie fest, aus welcher Richtung mit Wind oder Strom zu rechnen ist. Danach richtet sich, ob man die Vor- oder Achterleine zuerst

Vorm Ablegen den Motor warmlaufen lassen und alle Leinen loswerfen.

Mit den Leinen in der Hand ins Boot steigen, oder die Leinen ins Cockpit werfen und darauf achten, daß der Motor mittschiffs steht (kein Lenkeinschlag).

Mit kurz „zurück" das Boot abstoppen und das Heck an den Steg heranholen.

Motor „stopp" und mit den Festmacheleinen auf den Steg übersteigen.

loswirft, mit Fahrt voraus oder achteraus ablegt.

2. Mit Wind (Strom) aus dem vorderen Sektor werfen Sie am besten die Achterleine zuerst los und schlagen den Antrieb zum freien Wasser ein. Dann schalten Sie in den Rückwärtsgang, werfen die Vorleine los und ziehen das Boot achteraus ins freie Wasser.
3. Mit Wind (Strom) aus dem hinteren Sektor lösen Sie zuerst die Vorleine, setzten dann

Beim Übersteigen das Boot kräftig vom Steg absetzen, aufpassen, daß keine Leine ins Wasser fällt.

Langsame Fahrt voraus, ohne Lenkeinschlag, damit das Heck nicht am Steg langschrammt.

den Bug kräftig vom Steg ab, werfen die Achterleine los und gehen mit Fahrt voraus Richtung freies Wasser. Das Ruder dürfen Sie erst dann legen, wenn das Heck einige Handbreit vom Steg klar ist. Sonst würde das Heck, da die Drehachse bei einem Boot hinten liegt, unweigerlich gegen den Steg knallen.

Ankern

Ein Anker gehört zur vorgeschriebenen Standard-Sicherheitsausrüstung eines jeden Motorbootes. Er dient dazu, das Boot sicher am Grund oder auch an einem Ufer festzuhalten. Beispielsweise, wenn der Motor nicht anspringt und das Boot in ein belebtes Fahrwasser zu treiben droht. Oder aber auch nur, um in einer traumhaften Ankerbucht vom Boot aus zu baden oder zu schnorcheln.

Hat man genügend Zeit und will etwas länger liegenbleiben, sollte man seinen Ankerplatz sorgfältig auswählen. Im Idealfall liegt er in strömungsfreiem Wasser und gegen Wind geschützt. Aber auch darauf müssen Sie achten: An verschiedenen Plätzen ist ankern verboten. Grundsätzlich verboten ist es auf Kanälen und innerhalb eines Fahrwassers.

Ankertypen

Der CQR- oder Pflugschar-Anker gilt als derjenige mit der größten Haltekraft, er läßt sich aber schlecht verstauen.

Der Danforth-Anker ist ein Anker von ebenfalls hoher Haltekraft und läßt sich beigeklappt hervorragend verstauen.

Der Stock- oder Admiralitätsanker muß, um die gleiche Haltekraft wie die anderen beiden zu erbringen, erheblich schwerer sein. Er hält gut auf steinigem, tonigem und verkrautetem Grund.

Pflugscharanker (links) und Danforth-Anker (rechts).

Eine möglichst lange Ankerleine ergibt einen flachen Zugwinkel und federt ruckartige Belastungen gut ab.

Der Bruce-Anker hat eine hohe Haltekraft in Schlamm, Sand und Kies. Aber auch er läßt sich schlecht verstauen.

Draggen sind Anker mit vier starren oder beiklappbaren Flunken (Armen). Ihre Haltekraft ist nicht sehr hoch. Sie müssen entsprechend schwerer sein oder ein schwereres Ankergeschirr bekommen als die anderen Ankertypen. Dennoch sind die beiklappbaren Draggen auf kleinen Motorbooten außerordentlich beliebt wegen ihres geringen Platzbedarfs.

Jeder Anker ist nur so gut wie das Ankergeschirr, das ihn am Grund halten soll und mit dem Boot verbindet. Für leichte Außenborderboote genügt eine Ankerleine. Sie sollte etwa die zehnfache Länge der größten Wassertiefe haben, auf der man zu ankern beabsichtigt. Also bei 3 Meter Wassertiefe 30 Meter Leine. Sie sollte nicht aus Polypropylen sein. Denn die schwimmt auf, hält den Ankerschaft nicht runter und kann leicht anderen Booten in den Propeller kommen. Nehmen Sie Nylon- oder Polyestertauwerk. Das sinkt ab und ist elastisch. So federt es die ruckartigen Bewegungen des Bootes in der Welle ab.

Wenn auf schwereren Booten eine Leine statt einer Kette verwendet werden soll sie ist handiger und bringt weniger Gewicht –, braucht man zwischen Anker und Leine einen Kettenvorlauf von mindestens 2 Meter, besser von 6 Meter Länge. Die Kette zieht durch ihr Eigengewicht den Ankerschaft herunter und verstärkt durch ihre Haftreibung am Grund die Effektivität des Ankers.

Stauen des Ankers

Größere Boote haben im Bug, unter dem Vordeck, einen Kettenkasten für Anker und Ankergeschirr. Auf kleineren Booten ist das nicht üblich. Manche Boote haben einen Ankerkasten unter dem Fußboden in der Bilge. Das ist eine hervorragende Lösung für ein kleines Boot. Denn das schwere Ankergewicht wird dadurch mittschiffs konzentriert und belastet nicht das Vorschiff, das auf einem Gleiter möglichst leicht sein soll. Ein anderer guter Stauplatz befindet sich unter den hochklappbaren Sitzen. Aber wenn weder das eine noch das andere vorhanden ist, wohin dann mit dem Anker?

Am besten, Sie schaffen sich eine entsprechend große Plastikbox an. So vermeidet man, daß

Ein praktischer Ankerkasten, wie ihn leider nur die wenigsten kleinen Boote haben. Hier ein Bruce-Anker mit Kettenvorlauf an der Ankerleine.

Anker und Ankerleine irgendwo im Boot umherfliegen und sich verheddern. Schneiden Sie ein Loch in die Box, durch das Sie das Ende der Ankerleine ziehen, das im Boot befestigt wird. Die Leine legt man in Buchten übereinander in die Box, darauf den Kettenvorlauf – sofern vorhanden – mit dem Anker. Auf diese Weise kann die Ankerleine jederzeit auslaufen, ohne Kinken oder Knoten zu bilden. Über den Deckel der Box kommt ein elastischer Spannriemen, der ihn an Ort und Stelle hält. Ein weiterer Spannriemen sichert die Box im Boot, damit sie nicht hin und her rutscht.

Vorbereitung des Ankergeschirrs

Durchaus sinnvoll ist es, die Ankerleine oder -kette alle zwei Meter in unterschiedlichen Farben zu markieren. Mit Bändseln oder einem wasserfester Marker. So können Sie jederzeit feststellen, wieviele Meter Leine Sie ausgegeben haben. Der Anker sollte nämlich Hand über Hand an der Leine hinabgelassen und nicht einfach über Bord geworfen werden. So spüren Sie sofort, wenn der Anker am Grund angekommen ist. Anhand der Markierung können

Am Ankerplatz den Anker mit Kette oder Leine Hand über Hand zu Wasser lassen.

Wenn der Anker am Grund aufsetzt, die Länge der bis dahin ausgegebenen Leine ablesen und mit fünf multiplizieren.

Die entsprechende Länge der Leine ausgeben während das Boot achteraus treibt.

Sie ziemlich genau die Wassertiefe ablesen. Dann sollten Sie bei einer Leine das Zehnfache nachstecken, bei einem Kettenvorlauf das Fünffache.

Soviel Leine braucht man, um den Ankerschaft ungefähr parallel zum Grund zu halten. Nur dann kann sich der Anker eingraben, und nur dann hält er einigermaßen sicher. Sowie der Schaft von der Leine angehoben wird, besteht die Gefahr, daß der Anker ausbricht.

Die Leine sollten Sie nicht mit einem der oft empfohlenen seemännischen Knoten am Anker festbinden. Ein Knoten verringert die Reißfestigkeit der Leine um etwa die Hälfte. Außerdem ist nicht auszuschließen, daß er sich am Grund aufscheuert. Anker und Leine gehören mit einem Schäkel verbunden (gibt es in großer Auswahl bei jedem Bootshändler).

Der Ankerplatz

Wenn's geht, suchen Sie sich einen Grund aus, in dem der Anker gut hält. Etwa einen sandigen Boden. Mit stark verkrautetem Grund haben alle Anker Probleme. Geröllhaltiger Boden ist ebenso wenig ein guter Ankergrund wie weicher Schlick.

Wenn man – etwa in einer vielbesuchten Ankerbucht – schon auf andere Ankerlieger trifft, muß man sich weit genug von ihnen entfernt halten, damit alle einen vollen Kreis um ihren Anker schwojen können, wenn sich die Wind- oder Stromrichtung ändert. Achten Sie darauf, ob vielleicht ein Boot unter Bug- und Heckanker liegt. Das schwojt nicht mit, sondern bleibt in seiner Ausrichtung. Und Sie könnten deshalb womöglich beim Schwojen mit ihm kollidieren.

Die Technik des Ankerns

1. Prüfen Sie zunächst, ob der Wind oder der Strom stärker ist. Wenn Sie das so nicht feststellen können, stoppen Sie Ihr Boot und beobachten, in welche Richtung es driftet.
2. Fahren Sie langsam gegenan, etwas über die Stelle hinweg, an der Sie vor Anker liegen wollen. Kuppeln Sie den Propeller aus. Sobald das Boot achteraus zu treiben

Wenn genügend Leine ausgegeben ist, die Vorleine an die Ankerleine stecken.

Das Boot treibt weiter zurück. Der Zug der gespannten Vorleine hält das Boot mit dem Bug im Wind/Strom.

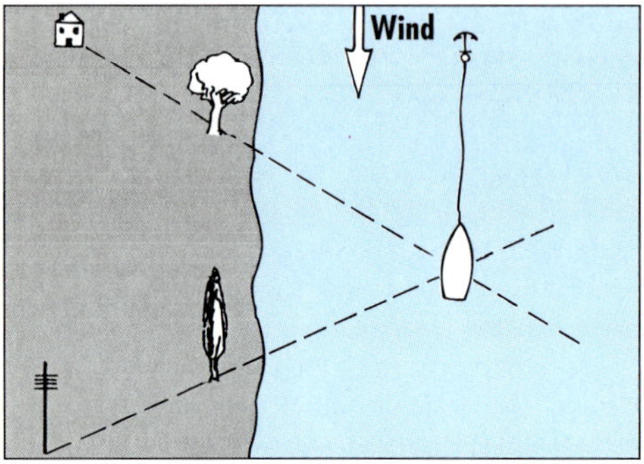

Aus dem Schnittpunkt zweier Deckpeilungen (in Deckung gebrachte Objekte) ergibt sich ein „Standort". Wenn er sich nicht verändert, hält der Anker sicher.

beginnt, geben Sie den Anker Hand über Hand über Bord.

3. Ist der Anker auf dem Grund angekommen, läßt der Zug an der Leine nach. Lesen Sie an der Markierung die Wassertiefe ab und multiplizieren Sie sie mit fünf oder zehn. Stecken Sie diese Länge langsam nach, während das Boot weiter achteraus treibt.
4. Ist die volle Länge ausgebracht, belegen Sie die Ankerleine, kuppeln den Rückwärtsgang ein und fahren mit wenig Gas den Anker in den Grund. Das Boot wird leicht anrucken und aufstoppen, wenn der Anker gegriffen hat.
5. Hält er nicht, wird das Boot weiterdriften. Sie haben jetzt zwei Möglichkeiten: entweder auf Leerlauf schalten und mehr Leine stecken, oder den Anker aufnehmen und es mit einem zweiten Anlauf versuchen.
6. Sobald der Anker sicher hält, stellen Sie den Motor ab. Die Ankerleine wird nun unter einer gewissen Spannung stehen, und das Boot wird sich in einem Winkel von ungefähr 45° zum Wind oder Strom stellen - sofern Sie den Anker über die Seite ausgebracht haben. Setzen Sie Ihre Vorleine mit einem doppelten Schotstek auf die Ankerleine, so daß sich der Zug der Ankerleine auf die Vorleine und damit auf den Bug überträgt. Das Boot wird nun in Wind- oder Stromrichtung eindrehen. Wenn Sie den Anker gleich vom Bug aus ausgebracht haben, erübrigt sich natürlich das Anstecken der Vorleine.

In Tidengewässern

In Tidengewässern muß der höchste Wasserstand einkalkuliert werden, wenn man bei Niedrigwasser ankert und entsprechend lange liegenbleiben will. Berechnet man die Länge der Ankerleine nach dem Niedrigwasser, wird der Anker eventuell bei Hochwasser ausbrechen. Bei fallendem Wasser treibt das Boot, entsprechend der längeren Leine, weiter von seinem Anker weg. Bei auflaufender Flut schwojt es in einem Halbkreis um 180°. Dabei kann der Anker unter Umständen ausbrechen.

Die Deckpeilung

Um festzustellen, ob der Anker auch tatsächlich hält, sollte man sich zwei – hoffentlich vorhandene – Landmarken suchen und sie in Deckung bringen. Dann beobachten Sie von Zeit zu Zeit, ob sich diese sogenannte Deckpeilung im Verhältnis zur Bootsrichtung ändert. Wenn sich die Landmarken leicht zueinander bewegen, bedeutet das meistens nur, daß das Boot schwojt. Zeigt das Boot jedoch ständig in dieselbe Richtung, während die Landmarken auseinander wandern, schliert der Anker über den Grund.

Gibt es keine zwei geeignete Landmarken, kann man eine Kompaßpeilung von einem einzelnen Objekt – wie Boje, Baum oder Fels – nehmen. Das heißt, auf wieviel Grad, bezogen auf einen festen Punkt an Bord, das Objekt liegt. Solche praktischen Peilkompasse sind kaum größer als eine Zigarettenschachtel. Wiederholen Sie diese Peilungen von Zeit zu Zeit und vergleichen Sie sie mit den vorangegangenen.

Den Anker aufholen

1. Den Motor starten und warmlaufen lassen.
2. Ein leichtes Boot kann man von Hand an den Anker heranholen. Mit einem schwereren Boot läuft man mit ganz langsamer Fahrt auf den Anker zu, während gleichzeitig die Leine Hand über Hand eingeholt wird.
3. Wenn die Ankerleine in der Vorleine hing, die Leinen wieder lösen und den Anker vorsichtig einholen, damit er mit seinen spitzen Flunken nicht gegen die Bordwand schlägt, und ihn sauber auswaschen. Die Leine wird beim Aufholen gleich in Buchten in die Ankerbox gelegt, damit sie für das nächste Mal wieder klar zum Ausgeben ist.
4. Befindet sich das Boot direkt über dem Anker, genügt im allgemeinen ein Ruck an der Ankerleine, um den Anker auszubrechen.
5. Sobald das geschehen ist, gerät das Boot ins Treiben. Aber kuppeln Sie erst ein, wenn der Anker an die Oberfläche kommt. Ist er ausgewaschen und verstaut, können Sie endlich allmählich Gas geben. Vergessen Sie aber beim Abfahren nicht, auf mögliche andere Ankerlieger und deren Ankergeschirr zu achten. Zu leicht kann man sich etwas mit dem Propeller einfangen.

Die Trippleine

Was aber tun Sie, wenn der Anker sich weigert auszubrechen? Die übliche Trippleine, wie sie die großen Yachten häufig am Anker haben, ist für ein kleines Boot viel zu aufwendig. Sie können aber ein „automatisches“ Trippgeschirr anbringen. Wenn Sie auf unbekanntem Grund ankern, kann das vielleicht recht nützlich sein.

Sie schäkeln die Leine oder Kette nicht am Schaft an, sondern an der Öse am Kreuz, die einige Anker dort haben. Die Kette oder Leine

Zum Ankerlichten das Boot an der Vorleine voraus holen und die Vorleine lösen.

Sodann sich an den Anker heranziehen. Man kann auch mit Motorkraft auf den Anker zulaufen.

Wenn die Ankerleine senkrecht steht, den Anker mit einem kräftigen Ruck ausbrechen und aufholen.

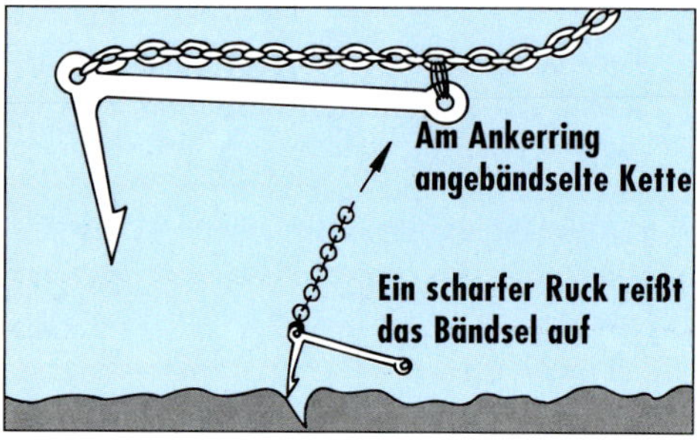

wird am Schaft entlang geführt und am Ankerring des Schaftes mit einem kräftigen Garn beigebunden (s. Zeichnung). Läßt sicher der Schaft nicht wie üblich anheben, genügt ein scharfer Ruck an der Leine, das Garn reißt, und der Anker kann direkt am Kreuz angehoben oder sozusagen rückwärts ausgebrochen werden.

Den Zustand des Garns muß man wiederholt kontrollieren, weil das Material altert und dann schon beim Eingraben des Ankers reißen könnte. Auch eignet sich diese Methode nicht für größere Boote mit entsprechend schwereren Ankern. Das Garn würde schon gleich beim Ausbringen des Ankers reißen.

Tauwerk

Tauwerk ist ein Sammelbegriff für alle Arten von Leinen. Manche behaupten, man könne gar nicht genug Leinen an Bord haben. Das stimmt so nicht. Man braucht zwei bis allenfalls vier entsprechend kurze Leinen zum Festmachen, eine etwas längere Schleppleine und eine lange Ankerleine. Als Schleppleine lassen sich eventuell auch zwei zusammengeknotete Festmacherleinen verwenden. Mehr Leinen, bei dem beschränkten Platz auf einem kleinen Boot, neigen dazu ein wirres Knäuel zu bilden. Und in einem entscheidenden Moment greift man garantiert ein falsches Ende.

Heutiges Tauwerk besteht durchweg aus Kunstfasern. Es ist weitgehend verrottungsfest und hat eine hohe Reißfestigkeit. Aber wie stets, handelt man sich mit diesen Vorzügen auch Nachteile ein. Kunstfasertauwerk verliert durch Wärme, Reibung und UV-Strahlung an Festigkeit und ist sehr empfindlich gegen Scheuern. Es wird in den verschiedensten Farben angeboten. Sie sagen nichts über die Qualität aus. Mehr schon die Materialbezeichnungen wie: Polyamid, Polypropylen oder Polyäthylen.

Polyamid beispielsweise (Markennamen Perlon, Nylon) verbindet eine hohe Bruchfestigkeit mit großer Elastizität. Deshalb ist es besonders gut für Anker- und Schleppleinen geeignet. Polypropylen (Markenbezeichnungen Polyprop, Hostalen, Ulstron) ist ein sehr Ieichtes und schwimmfähiges Tauwerk und deshalb absolut nicht als Ankerleine zu gebrauchen. Wohl aber ausgezeichnet als Wasserski-Schleppleine oder auch zum Festmachen. Polyäthylen (Markenname Dyneema) besitzt von allen Kunstfasern die besten Eigenschaften und ist entsprechend ein Allround-Tauwerk, das aber auch seinen Preis hat.

Die Bruchfestigkeit einer Leine sollte möglichst das Fünffache der vorgesehenen Belastung betragen. Alle Leinen sollten nicht nur ausreichend bruchfest und lang genug sein, sondern sich auch gut handhaben lassen. Denn entprechend ihrem Herstellungsverfahren sind sie unterschiedlich steif oder sperrig.

Tauwerkspflege

Alles Tauwerk muß regelmäßig auf Scheuerstellen hin durchgesehen werden. Angerauhtes Kunstfasertauwerk kann bis zu 50 % seiner Festigkeit einbüßen. Wegen der zerstörerischen Wirkung der UV-Strahlung sollten Leinen, Dyneema einmal ausgenommen, nie länger als unbedingt erforderlich der Sonne ausgesetzt werden. Leinen, die mit Lösungsmitteln in Berührung gekommen sind oder in chemisch stark verschmutztem Wasser hingen, müssen gründlich mit Süßwasser abgewaschen werden. Selbstverständlich werden auch Schlamm oder kleine Steine, die man sich vom Grund auffischt, ausgespült. Möglichst sollten Sie Leinen nicht naß wegstauen, sondern sie in großen Buchten zum Trocknen aufhängen oder auslegen.

Knoten

Knoten auf Booten müssen hundertprozentig halten. Denn es ist nicht gerade die wahre Freude, wenn das Boot sich von alleine davonmacht, weil die Festmacherknoten aufgegangen sind. Das gibt's! Und die Knoten müssen sich schnell knüpfen und ebenso schnell wieder lösen lassen. Auch in nassem Tauwerk. Das heißt, sie dürfen sich nicht so zusammenziehen, daß man ihnen nur mit einem Messer beikommt. Nachstehend einige Knoten, die man auf einem Boot immer wieder gebraucht.

Palstek

Dies ist ein wichtiger Knoten. Mit ihm können Sie eine beliebig große „Schlaufe" herstellen – der Seemann sagt dazu „Auge" –, die sich nicht zusammenzieht. Er dient zum Festmachen an Pfählen, Pollern oder Bojen. Auch zwei Leinen kann man mit zwei Palsteks zuverlässig verbinden. Der Palstekt läßt sich schnell knüpfen, aber nur solange die Leine nicht unter Spannung steht.

Webeleinstek

Er dient zum Festmachen an Pollern oder ähnlichem, sofern die nicht zu dick sind, denn dann hält er nicht sicher. Er eignet sich gut, um Fender am Handlauf festzubinden. Wir lernten ihn bereits beim Auf- und Abslippen kennen, zum Befestigen der Zugleine auf der Anhängerkupplung des Wagens. Man kann ihn von Hand „stecken" oder auch mit der Leine zwei „Augen" legen (s. Abbildung), die dann über den Fixpunkt gestreift oder geworfen werden.

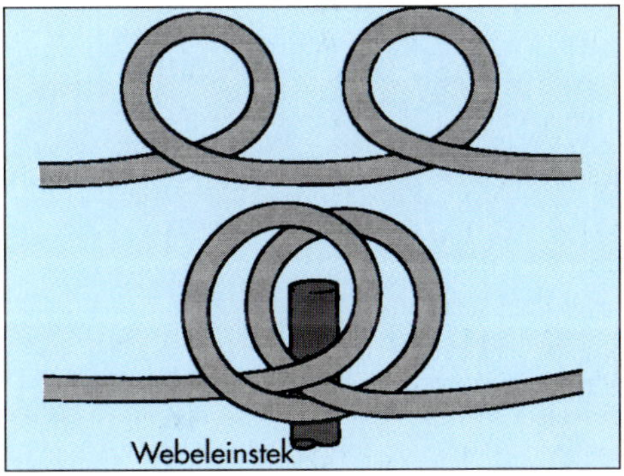

Slipstek

Ein praktischer Knoten, mit dem man überall dort arbeiten kann, wo man eine belegte Leine, auf der Zug steht, schnell loswerfen will oder muß. Ein kräftiger Zug am Ende der Leine, und der Knoten ist gelöst.

Eineinhalb Rundtörn mit zwei halben Schlägen

Dies ist ein weiterer nützlicher Knoten zum Festmachen an einem (Bojen-)Ring, einem Rohr oder an Stangen. Als halbe Schläge bezeichnet man die beiden „Augen“, die um das unter Zug stehende Ende der Leine geschlungen sind. (Macht man mit einem Webeleinstek längere Zeit fest, sollte man ihn ebenfalls mit zwei halben Schlägen sichern).

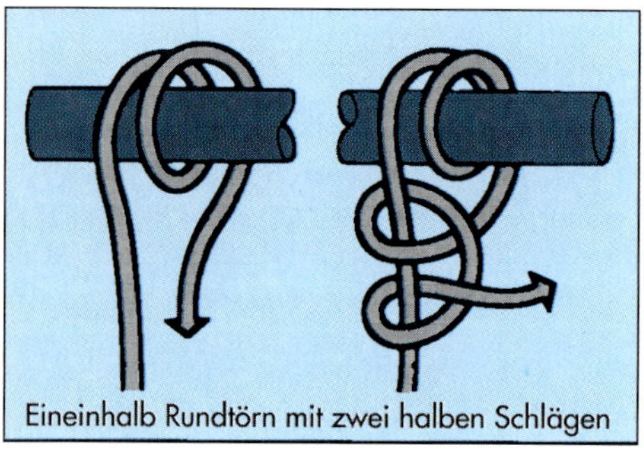
Eineinhalb Rundtörn mit zwei halben Schlägen

Schotstek

Mit diesem Knoten kann man zwei unterschiedlich starke Leinen oder Leinen aus ungleichem Material miteinander verbinden. Die Enden müssen sich gegenüber liegen. Bei sehr steifen Leinen ist unbedingt der doppelte Schotstek zu empfehlen.

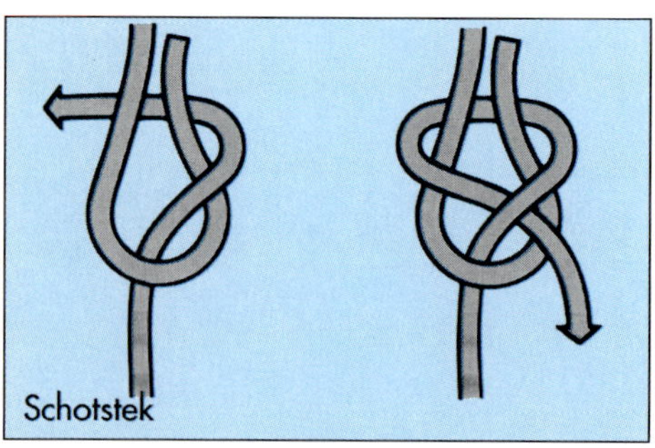
Schotstek

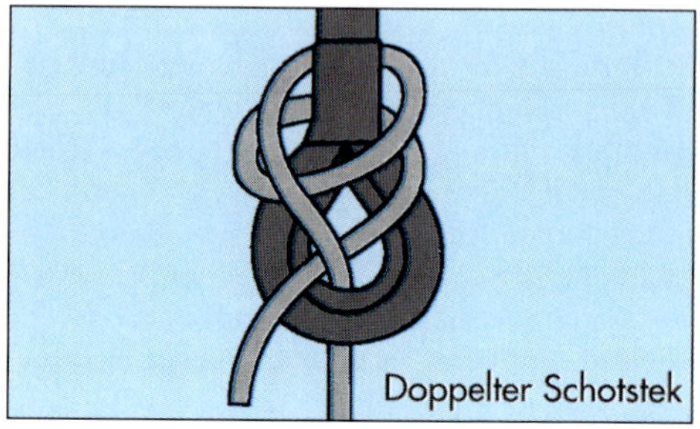
Doppelter Schotstek

Kreuzknoten

Mit ihm verbindet man zwei gleich starke Leinen aus dem gleichen Material. Wichtig ist: er muß symmetrisch sein. Das heißt, die Enden müssen auf derselben Seite liegen. Vor allem in glattem Tauwerk sollten sie außerdem mindestens eine Handbreit überstehen.

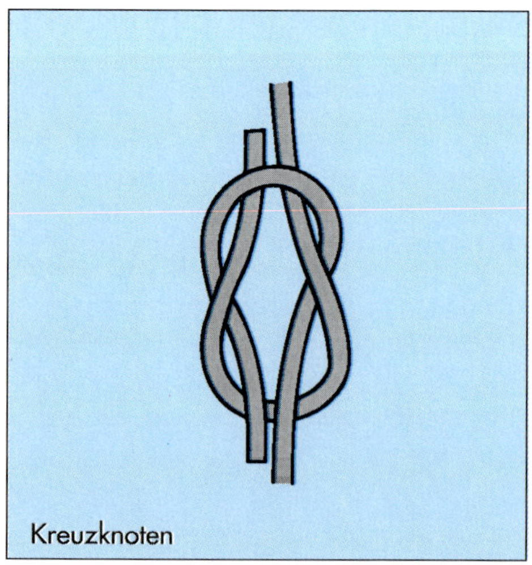
Kreuzknoten

Stopperstek

Mit diesem Knoten kann man beispielsweise schnell eine Vorleine an einer Schlepptrosse festmachen. Er hält aber nur, solange Kraft in Zugrichtung (s. Abbildung) darauf steht.

Belegen mit Kopfschlag

Auf dem Boot und auf Stegen – überall gibt es sogenannte Klampen zum Festmachen (Belegen) von Leinen. Im allgemeinen wird es genügen, zwei Kreuzschläge in Achtform um die Hörner der Klampe zu legen und so die Leine fest zu „bekneifen". Jedoch bei einer dicken Leine auf einer kleinen Klampe oder bei sehr glattem Tauwerk, sollte man noch einen sogenannten „Kopfschlag" draufsetzen. Dann können Sie ganz sicher sein, daß sich die Leine nicht löst und Ihr Boot ohne Sie davonschwimmt.

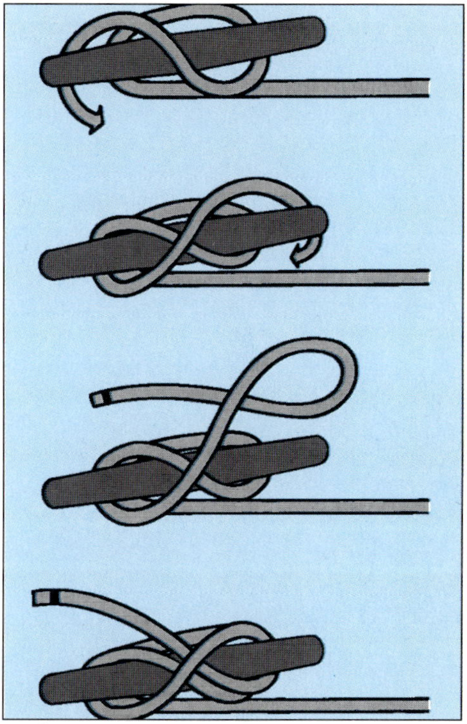

Belegen auf einer Klampe mit Kopfschlag

Fahren im Strom

Beim Ab- und Anlegen, beim Slippen und Ankern lasen Sie bereits, welchen Einfluß Strom auf alle diese „Manöver“ hat oder haben kann. Daß Ebbe und Flut gewaltige Wassermassen in Bewegung setzen, weiß jeder, der einmal Urlaub an der Nordseeküste gemacht hat. Die fallenden und steigenden Wasserstände verursachen im Unterlauf der mit der Nordsee in Verbindung stehenden Flüsse große Stromgeschwindigkeiten. Der Strom kann so stark sein, daß er sich mit einer schwächeren Motorisierung nicht mehr ausfahren läßt. Man muß dann Anker werfen und Ebbe oder Flut abwarten. Je nachdem, in welche Richtung man fahren will .

Mit mehr oder weniger Strom müssen Sie auf allen Flüssen rechnen. Er beeinflußt entsprechend mehr oder minder das Fahrverhalten Ihres Bootes. In Fahrtrichtung mitlaufender Strom erhöht die Fahrt um annähernd die Stromgeschwindigkeit. Gegenanlaufender Strom verringert sie in gleichem Maße. Das sollten Sie unbedingt einkalkulieren, wenn Sie einen Zeitplan für Ihre Fahrt aufstellen. Es wäre nicht das erste Mal, daß jemand sich von der schnellen Fahrt berauscht, weit stromab mitnehmen ließ und dann dort sein Boot liegen lassen mußte, um rechtzeitig wieder zu Hause sein zu können.

Mit- oder gegenanlaufender Strom beeinflußt zwar das Tempo, versetzt das Boot aber nicht aus seinem Kurs. Das geschieht erst dann, wenn Stromrichtung und Kurs einen Winkel bilden. Beim rechtwinkligen Queren eines Stromes ist die Versetzung – die seitliche Abdrift des Bootes – verständlicherweise am größten. Aber auch da gibt es Unterschiede im Fahrverhalten. Mit einem schnellen Gleiter ist sie relativ gering, mit einem langsamen Verdränger hingegen erheblich. Außerdem ist die Abdrift natürlich von der Stärke – der Geschwindigkeit – des Stromes abhängig.

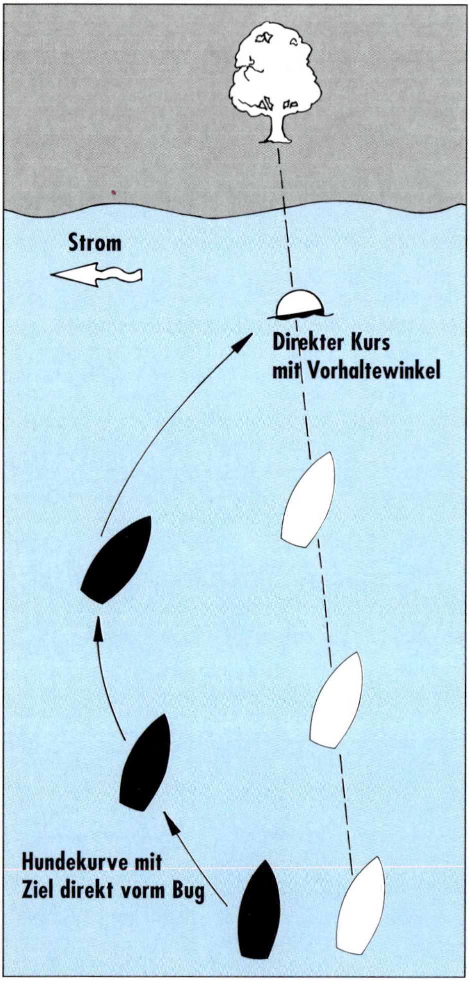

Ein Boot (Weiß), das einen Fluß oder ein strömendes Gewässer mit einem konstanten Vorhaltewinkel überquert, kommt auf direktem Weg zum Ziel. Ein Boot jedoch, das das Ziel direkt mit dem Bug ansteuert (Schwarz), fährt einen Kreisbogen, die sogenannte Hundekurve.

Richtet man beim Queren eines Flusses die Bootsnase direkt auf das Ziel am anderen Ufer, braucht man ziemlich lange, um rüber zu kommen, denn man fährt tatsächlich einen bogenförmigen Kurs, die sogenannte Hundekurve. Besser ist ein Vorhaltewinkel: Man steuert auf einen Punkt zu, der stromaufwärts vom Ziel liegt. Je stärker der Strom ist, um so weiter müssen Sie vorhalten. Gut geht es auch, wenn sich hinter dem Ziel oder davor auf dem Wasser irgendetwas Markantes befindet. Man steuert dann so, daß man beide stets in Deckung behält, daß sie sich nicht gegeneinander verschieben.

Im tiefen Wasser, das wird meistens zur Flußmitte hin sein, ist die Strömung am stärksten. Deshalb sollten Sie bei der Talfahrt im tieferen, „schnelleren" Wasser bleiben, sich aber bei der Bergfahrt – flußauf – an die flacheren Ufer mit ihrer geringeren Strömung halten. Aber achten Sie auf enge Flußkrümmungen. Dort verläuft die schnellere Hauptströmung in der Außenkrümmung unmittelbar am Ufer.

Stromhäfen

Die meisten Häfen haben eine parallel zum Ufer verlaufende Schutzmauer. Die Hafeneinfahrt befindet sich stromab. Beim Einlaufen halten Sie sich am besten dichter zum Molenkopf hin, weil nicht selten vor der Uferseite eine ausgedehnte Schlickbank liegt. Hinter dem Molenkopf kann es manchmal unregelmäßig auftretende Wirbel und Strudel geben, die ein kleines schwach motorisiertes Boot packen und ganz schön herumwirbeln können.

Bei der Ausfahrt sollten Sie unbedingt nach einlaufenden Schiffen Ausschau halten, die womöglich plötzlich „um die Ecke" biegen könnten.

Fahren auf Binnenschiffahrtsstraßen

Manche Binnenschiffahrtsstraßen sind fast genauso belebt wie Landstraßen. Allein mit den Ausweichregeln (s. Seite 70) kommen Sie deshalb leider nicht aus. Es gibt auf Flüssen und Kanälen vier verschiedene Schiffahrtsordnungen in Deutschland. Glücklicherweise jedoch stimmen sie weitgehend überein und berücksichtigen nur lokale Besonderheiten etwa von Rhein, Mosel und Donau.

Liegeplatz auch für Kleinfahrzeuge (Sportboote)

Gebot, die angezeigte Richtung einzuschlagen

Empfehlung, in diese Richtung zu fahren

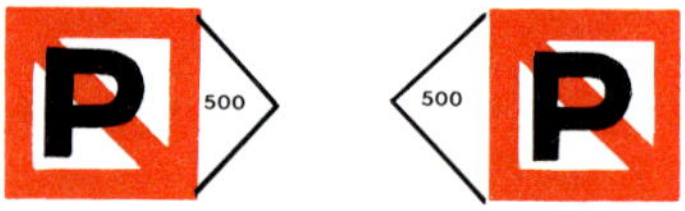

Liegeverbot (auf 500 m)

Ankerverbot

Ankern erlaubt*

Ende eines Verbots oder Gebots oder Aufhebung einer Einschränkung

Wehr

Gebots-, Verbots- und Hinweisschilder

Die Symbole der Wasserverkehrsschilder sind ziemlich leicht zu verstehen. Wie im Straßenverkehr sind Schilder mit rotem Rand Gebots- und Verbotshinweise. Blaue Schilder mit weissen Symbolen sind Hinweiszeichen zur Erleichterung des Verkehrs. Sie finden auf der folgenden Übersicht die wichtigsten Verkehrsschilder. Es gibt zwar noch weitaus mehr, doch die betreffen ausschließlich die Berufsschiffahrt.

Schwimmende Geräte

Vielleicht treffen Sie auch das eine oder andere etwas merkwürdig aussehende Gefährt auf dem Wasser, das an einer oder an beiden Seiten Tafeln, Bälle oder Rhomben zeigt. Es handelt sich dabei um Bagger, Arbeitspontons, „schwimmende Anlagen“, festgefahrene oder gesunkene Schiffe, die entweder nur an einer bestimmten Seite oder auch an beiden Seiten passiert werden können, oder an denen man besonders langsam vorbeifahren muß.

* Nur auf Strecken verwendet, auf denen das Ankern,

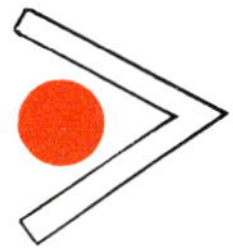 Wenn das rote Licht brennt, ist die Einfahrt in einen Hafen oder eine Nebenwasserstraße verboten		 Vor dem Zeichen anhalten, bis Weiterfahrt freigegeben wird	 Segeln verboten
 Wendeverbot	 Wendeplatz (dort besteht meist Anker- und Stilliegeverbot)	 Achtung! Vorsicht!	 Windsurfen verboten
 Festmachen verboten	 Festmachen erlaubt*	 Gesperrte Wasserfläche oder Einfahrt (gilt nicht für Boote ohne Motor)	 Wasserskilaufen verboten
 Begegnen und Überholen verboten (gilt nicht für »Kleinfahrzeuge«)	 Überholen verboten (gilt nicht für »Kleinfahrzeuge«)	 Geschwindigkeitsbeschränkung (hier auf 12 km/h)	 Fahrverbot für Wassermotorräder
 Nicht frei fahrende Fähre	 40 m Abstand vom rechten Ufer halten	 1. Geschwindigkeit vermindern 2. Schädlichen Sog und Wellenschlag vermeiden	 Für motorisierte Boote verboten

Stilliegen oder Festmachen generell verboten ist, um die Ausnahmeplätze zu markieren.

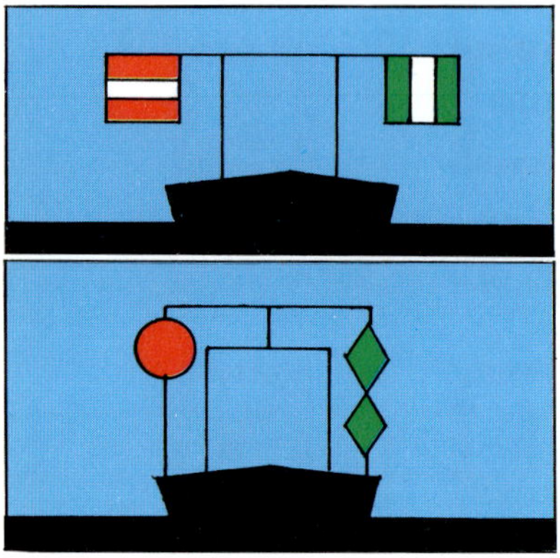

**Bagger oder schwimmende Geräte, aber auch festgefahrene oder gesunkene Schiffe:
An der gesperrten Seite entweder eine rot-weiß-rote Tafel oder ein roter Ball.**

Durchfahrt an beiden Seiten frei. Entweder grün-weiß-grün längsgestreifte Tafeln oder grüne Doppelkegel

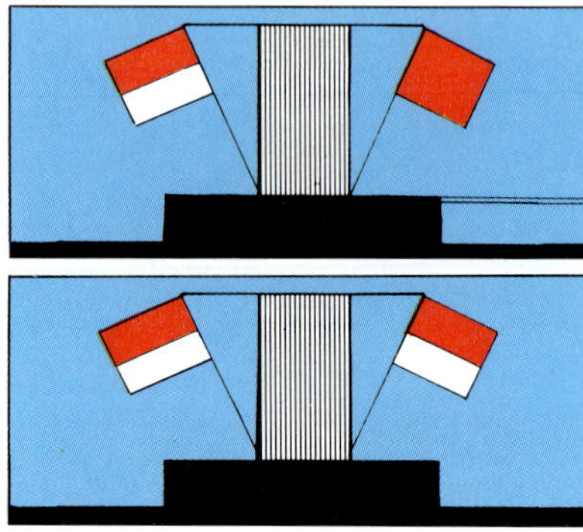

**Wenn sie vor Wellenschlag zu schützen sind:
Rot-weiß-quergestreifte Tafeln oder Flaggen bedeuten freie Durchfahrt, Rot heißt Durchfahrt gesperrt. Bei rot-weiß-quergestreiften Tafeln auf beiden Seiten ist die Durchfahrt auf beiden Seiten frei.**

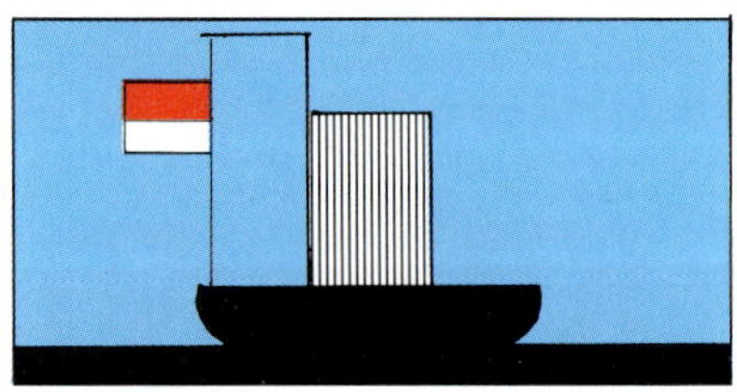

Schiff, Schwimmkörper oder schwimmende Anlage, die vor Wellenschlag zu schützen sind: Langsam und mit Abstand vorbeifahren.

Stilliegende Fischer mit Netzen oder Auslegern: Gelbe Döpper in ausreichender Anzahl, um die genaue Lage und Ausdehnung kenntlich zu machen.

Fahrwassertonnen und Baken

Als Fahrwasser bezeichnet man die tiefste Rinne eines Flusses. Sie muß gelegentlich ausgebaggert werden und verläuft keineswegs immer in der Flußmitte. Deshalb wird das Fahrwasser für die tiefgehende Berufsschiffahrt, die darauf angewiesen ist, markiert: mit Tonnen oder Baken. Mit einem kleinen Motorboot brauchen Sie sich nicht ans Fahrwasser zu halten, sondern haben auch rechts und links daneben noch genügend Wasser unter dem Antrieb und können so bequem der Berufsschiffahrt aus dem Wege gehen. Aber vorsichtig, manchmal gibt es Steine oder andere Unterwasserhindernisse, die bis dicht ans Fahrwasser heranreichen.

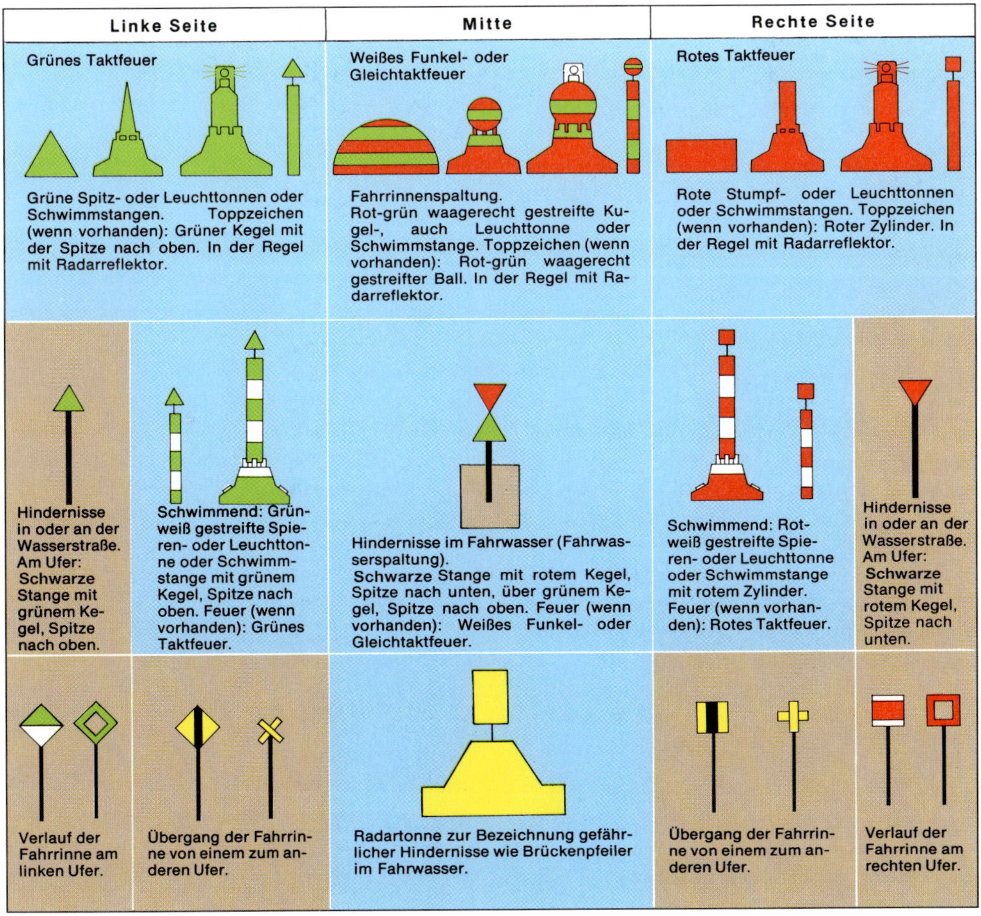

Rechts und links bezieht sich auf Flüssen immer auf die Richtung von der Quelle zur Mündung – auf die Talfahrt, wie das in Schifferkreisen heißt.

Die rechte Seite des Fahrwassers bezeichnen rote oder rot-weiß quergestreifte Tonnen, Spieren oder Schwimmstangen (Bober).

Die linke Seite bezeichnen grüne oder grün-weiß quergestreifte Tonnen, Spieren oder Schwimmstangen (Bober).

Eine Fahrwasserspaltung – also zwischen rot und grün – markieren rot-grün quergestreifte Tonnen oder Schwimmstangen.

Wenn die Fahrrinne ungewöhnlich dicht an einem Ufer verläuft, wird darauf besonders hingewiesen und auch wenn sie von einem zum anderen Ufer wechselt.

Brücken, Wehre und Sperrungen

Um Durchfahrten unter Brücken zu markieren oder zu sperren gibt es Tafeln, Flaggen oder auch Lichtsignale. Ist eine Brückendurchfahrt gesperrt, gilt das natürlich auch für jedes Motorboot, selbst wenn es unter dem Brückenbogen mehr als genug Wasser hätte. Häufig wird ein Brückenbogen jeweils in einer Richtung gesperrt, so daß unter der Brückendurchfahrt Einbahnverkehr herrscht.
Auf ein Wehr weist meistens ein blaues Schild hin (s. Seite 94). Man darf es nur dann durchfahren, wenn es mit einem grünen Freifahrtzeichen oder einem gelben auf die Spitze gestellten Quadrat für eine empfohlene Durchfahrtsöffnung bezeichnet ist.

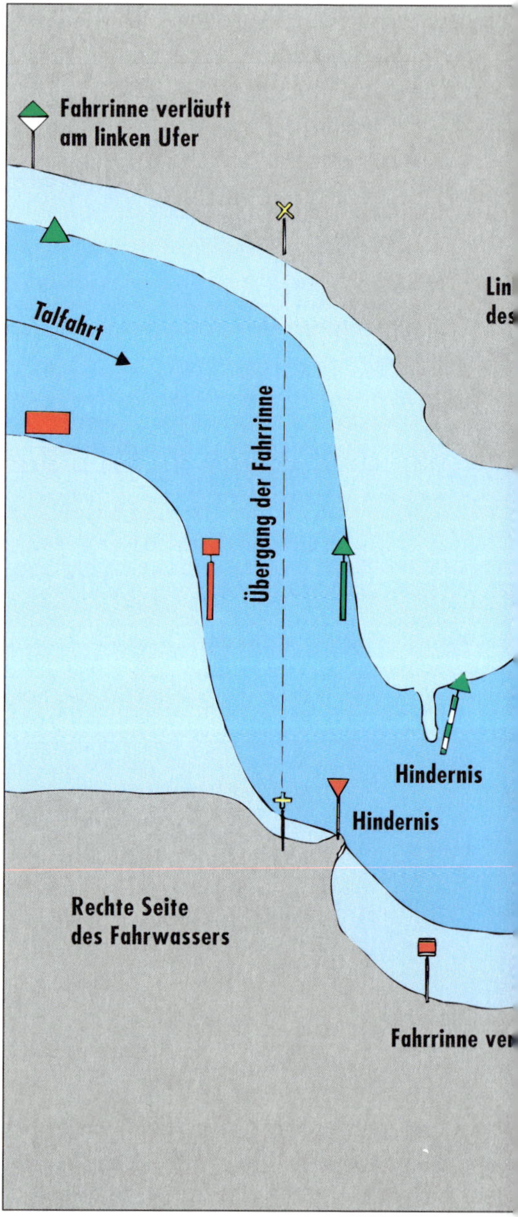

Ein Beispiel, in dem alle Möglichkeiten von Fahrwassermarkierungen vereint sind.

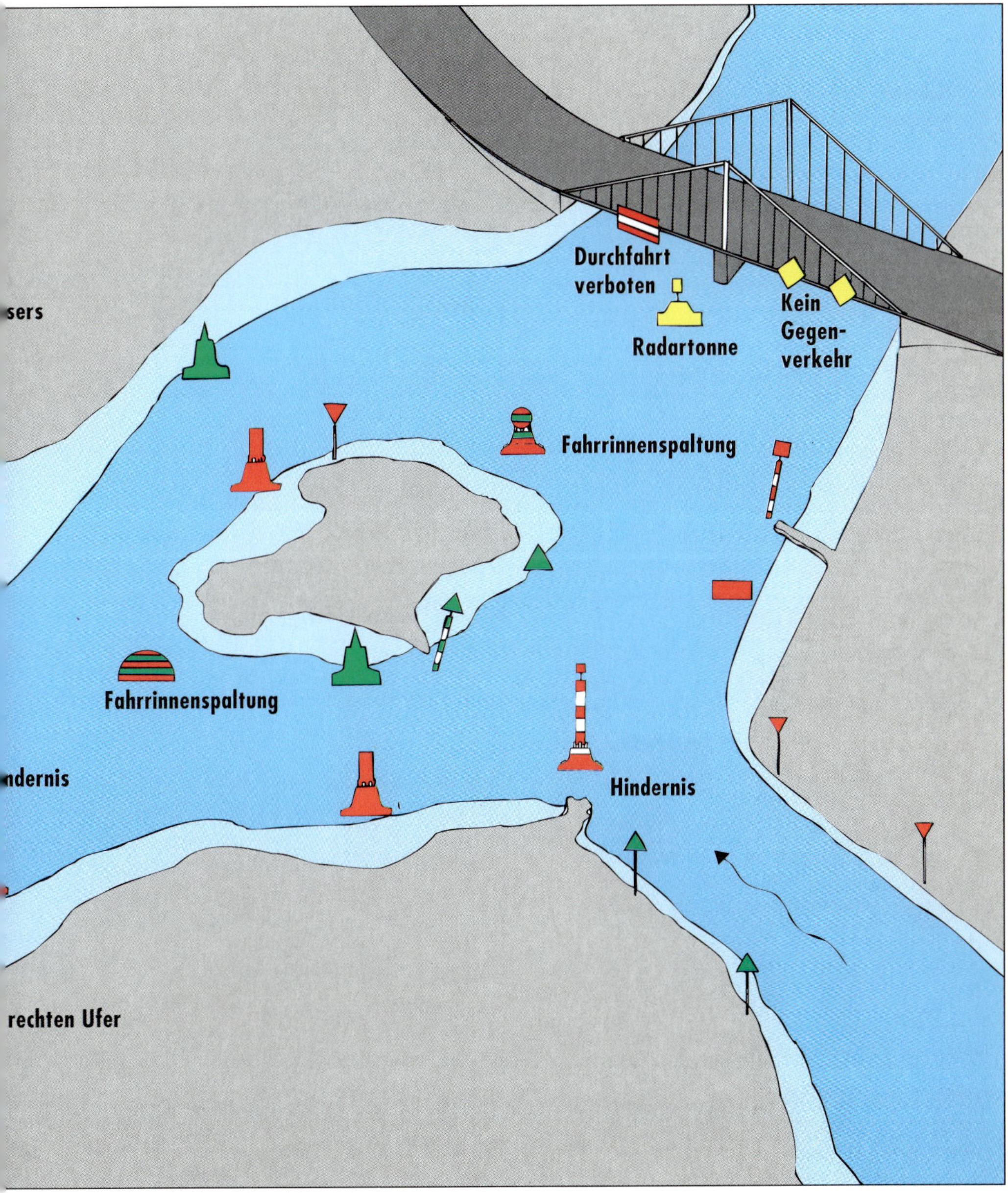
sers
Durchfahrt
verboten
Radartonne
Kein
Gegen-
verkehr
Fahrrinnenspaltung
Fahrrinnenspaltung
ndernis
Hindernis
rechten Ufer

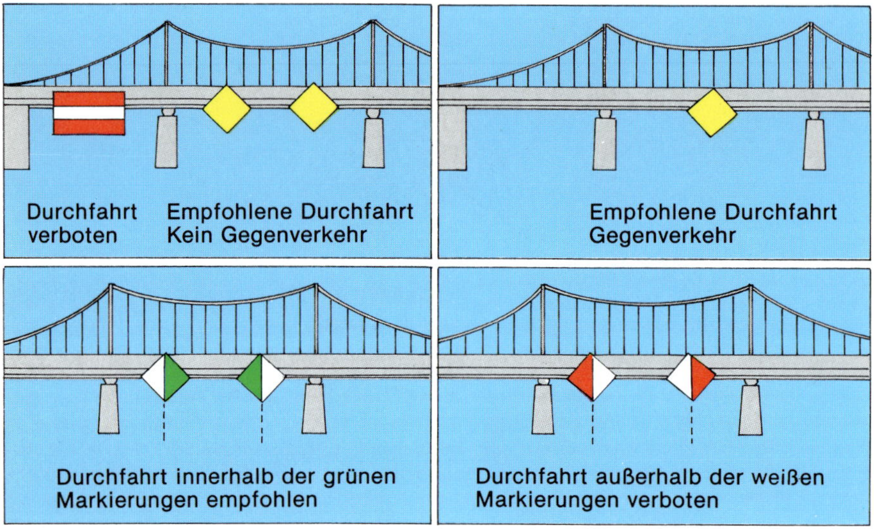

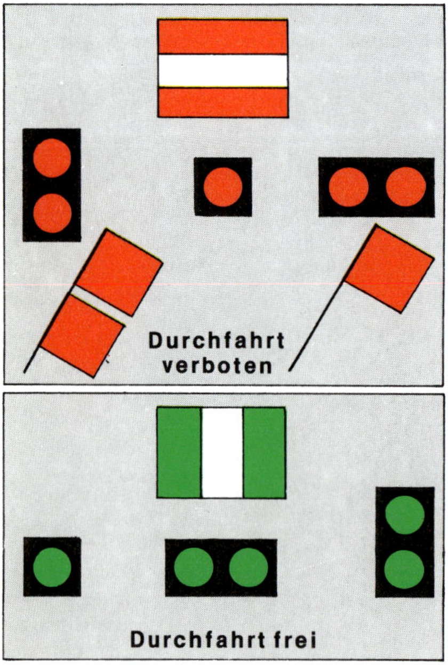

Schallsignale

Damit sich Schiffe über ihre Absichten verständigen können, gibt es genau vorgeschriebene Schallsignale. Sie bestehen aus verschiedenen Kombinationen kurzer und langer Töne. Sie brauchen auf Ihrem Motorboot keine Schallsignale zu geben. Dennoch kann es nicht schaden, die wichtigsten zu kennen, um das Getute der Berufsschiffer deuten zu können und ihnen gegebenenfalls rechtzeitig aus dem Weg zu gehen.

Kennzeichnung und Flaggenführung

Sie kennen das: Genau wie ein Straßenfahrzeug muß auch ein Boot im In- und Ausland gekennzeichnet sein. Wird es ohne Kennzeichen erwischt, bekommen Sie Ärger. Es gibt verschiedene Möglichkeiten der Kennzeichnung. Am

Signal	Bedeutung
▬	**Achtung**
●	**Ich richte meinen Kurs nach Steuerbord**
●●	**Ich richte meinen Kurs nach Backbord**
●●●	**Meine Maschine geht rückwärts**
●●●●	**Ich bin manövrierunfähig**
●●●●●	**Man kann mich nicht überholen**
●●●●●●● Folge sehr kurzer Töne	**Gefahr eines Zusammenstoßes**
▬ ●	**Ich wende über Steuerbord**
▬ ●●	**Ich wende über Backbord**
▬ ▬ ●	**Ich will an Ihrer Steuerbordseite überholen**
▬ ▬ ●●	**Ich will an Ihrer Backbordseite überholen**

besten, Sie erkundigen sich gleich beim Bootskauf bei Ihrem Bootshändler, der Wasserschutzpolizei oder bei einem Motorbootclub, welche für Sie und Ihr Fahrgebiet das Richtige ist.

Es ist nun auch nicht so, daß Sie beliebige Flaggen irgendwo an Ihrem Boot hissen dürfen. Besonders mit der Heckflagge hat es so seine eigene Bewandtnis. Auf Binnengewässern kann, aber braucht dort keine Flagge geführt zu werden. Wenn Sie aber Flagge zeigen wollen, darf dort nur die Nationalflage oder die Verbandsflagge des Deutschen Motoryachtverbandes gesetzt werden, sofern Sie dort Mitglied sind. Keinesfalls jedoch eine Landes-, Stadt- oder andere Flagge.

In Küstengewässern hingegen *muß* am Heck die Schwarz-Rot-Goldene geführt werden. Sie darf bei Fahrten im Ausland auch nicht etwa gegen die Nationalflagge des Gastlandes ausgetauscht werden. Manche Boote haben auf der Bugspitze einen kleinen Flaggenstock. Dort flattert üblicherweise der Clubstander, wenn man denn in einem Motorbootclub Mitglied ist. Im Ausland kommt dorthin die verkleinerte Nationalflagge des Gastlandes.

Bootsführerscheine

Es wäre zu schön, könnte man sich nach einer kurzen Einweisung einfach in sein Motorboot setzen und losbrausen. Leider verlangt der Gesetzgeber bei uns, wie in fast allen europäischen Ländern, einen Führerschein. Führerscheinfrei sind lediglich Motoren von weniger als 3,69 kW (5 PS), und in Berlin nicht einmal die. Da Motorbootfahren eigentlich erst jenseits dieser Führerscheingrenze beginnt, heißt das, praktisch braucht jeder einen Bootsführerschein.

Es gibt zwei amtliche Führerscheine: den Sportbootführerschein Binnen und den Sportbootführerschein See für die Küstenfahrt auf den sogenannten Seeschiffahrtsstraßen. In der theoretischen Prüfung müssen diverse Fragen aus einem amtlichen Fragenkatalog schriftlich beantwortet werden. In der praktischen Prüfung muß man seine Fahrkünste vorführen. Die Prüfung für die See ist um einige Grade schwieriger. Verständlich, denn dazu gehören auch Navigationsaufgaben. Beide Führerscheine werden in den Ländern, die eigene Bootsführerscheine haben, anerkannt. Außerdem gibt es noch das Bodenseeschifferpatent für Motorbootfahrer. Das ist ebenfalls amtlich, gilt aber nur - wie der Name besagt – auf dem Bodensee bei den drei Anrainerstaaten.

Mann über Bord

Wenn ein Mann über Bord fällt – das ist so ziemlich das Schrecklichste, was einem Ozeansegler passieren kann. Motorbootfahrer kennen eine solche Situation, in der es wirklich um Leben und Tod geht, glücklicherweise eigentlich überhaupt nicht. Weshalb das so ist? Wer in dem tiefen Cockpit eines Motorbootes sitzt, muß sich schon grenzenlos dumm anstellen – etwa indem er bei schneller Gleitfahrt aufsteht, ohne sich festzuhalten –, um über die relativ hohe Bordwand zu fallen. Etwas anders sieht das schon auf einem Schlauchboot aus. Zumal wenn Mitfahrer auf den runden verhältnismäßig flachen Tragschläuchen sitzen. Da kann man schon eher mal das Gleichgewicht verlieren und hintenüber fallen. Natürlich merkt der Fahrer das sofort und ist in wenigen Sekunden wieder neben dem Badengegangenen.

Dennoch sollte natürlich auch auf einem Motorboot alles unternommen werden, um zu verhindern, daß überhaupt jemand über Bord fallen kann. Bedenken Sie deshalb folgende Punkte:

- Nicht ablegen bevor alle Mitfahrer sitzen.
- Nicht abrupt und schnell beschleunigen.
- Nicht abrupt das Gas wegnehmen.
- Vermeiden Sie, daß das Boot über Wellen springt. Verhindern Sie, daß das Boot von einer Welle quergeschlagen wird. Verbieten Sie, daß sich jemand während der Fahrt oben auf das Seitenbord oder auf die Rücklehnen der Sitze setzt. Untersagen Sie, daß sich jemand auf die Bugspitze setzt und die Beine herabbaumeln läßt.
- Lassen Sie niemand beim Ankern oder beim Fischen der Muringboje, ungesichert aufrecht stehend, auf dem Vordeck hantieren.

Achten Sie darauf, daß alle sitzen und niemand unbemerkt im Boot umherturnt, wie beispielsweise dieser junge Mann, der leicht kopfüber gehen kann, wenn das Boot plötzlich beschleunigt.

Wenn Sie es vielleicht selbst sind, der trotz allem über Bord gefallen ist, machen Sie folgendes:

1. Schreien Sie zunächst aus Leibeskräften. Es könnte ja sein, daß Fahrer und Beifahrer angespannt nach vorne gestarrt und gar nicht bemerkt hätten, daß Sie außenbords gegangen sind.
2. Wenn Sie eine automatische Rettungsweste tragen, wird sie sich innerhalb weniger Sekunden aufblasen. Wenn Sie von Mund aufzublasen ist, blasen Sie. Vielleicht dauert es – aus irgendwelchen unerfindlichen Gründen – doch etwas länger, bis das Boot zu Ihnen zurückkehrt.
3. Tragen Sie keine Rettungsweste, machen Sie nur so viele Schwimmbewegungen, wie notwendig sind, sich über Wasser zu halten. So schonen Sie Ihre Kräfte.
4. Versuchen Sie nicht, gegen eine starke Strömung anzuschwimmen oder auf ein ferneres Ufer zuzuschwimmen. Warten Sie die Rückkehr des Bootes ab.

Sofern Sie der Fahrer des Bootes sind:

1. Wenn Sie hinter sich den Schrei eines Mitfahrers hören, der über Bord gefallen ist, orientieren Sie sich mit einem schnellen Rundblick über die Situation und schlagen gleichzeitig das Steuerrad ein, um auf dem schnellsten Wege zu ihm zurückzukehren.

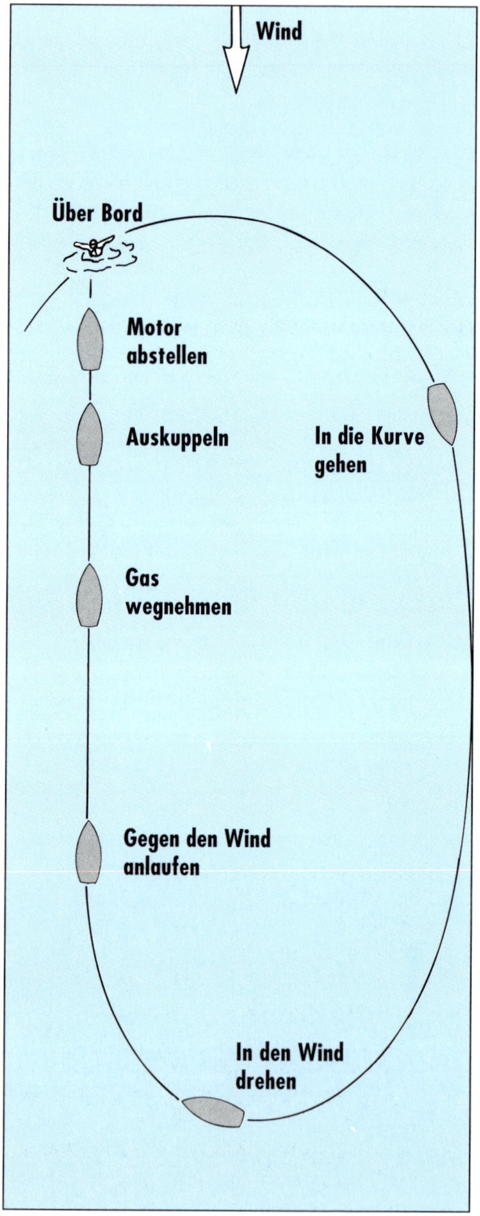

Wenn jemand über Bord gefallen ist, sofort in die Kurve gehen und versuchen, auf dem kürzesten Wege zurückzukehren. (Hier ist zu Demonstrationszwecken ein riesiger Kringel gefahren worden. So weit braucht man normalerweise nicht auszuholen.)

Antrieb in Richtung des Schwimmers einschlagen, und das Heck schwingt von ihm weg

2. Nähern Sie sich dem Menschen im Wasser mit langsamer Fahrt. Nehmen Sie ihn an die rechte (Steuerbord-)Seite. So haben Sie vom Fahrersitz aus ständig Sichtkontankt. Beim Anlaufen mit der linken (Backbord-)Seite verlieren Sie ihn in einer schwierigen Manöverphase womöglich vorübergehend aus den Augen.
3. Kuppeln Sie aus und lassen Sie das Boot auslaufen. Wenn es noch zu viel Fahrt hat, kurz mit „zurück“ aufstoppen.
4. Sobald Sie die Person erreicht haben, kuppeln Sie aus und schalten den Motor ab. Es genügt nicht, nur den Propeller auszukuppeln. Bei dem Versuch den über Bord Gefallenen ins Boot zu ziehen könnte jemand an die Schaltung kommen oder irgendetwas dahinterhaken und einkuppeln. Ein drehender Propeller aber kann schwere Verletzungen verursachen.

Trainieren Sie das Mann-über-Bord-Manöver mit einem Fender. Es erfordert mehr fahrerisches Geschick als etwa ein Anlegemanöver und verhilft Ihnen dazu, Ihr Boot noch sicherer zu beherrschen.
Außerdem wird von Ihnen ein sauberes Mann-über-Bord-Manöver in der praktischen Führerscheinprüfung verlangt.

Wenn jemand im Wasser schwimmt, den Antrieb niemals zur entgegengesetzten Seite einschlagen, weil dann das Bootsheck mit dem gefährlichen Propeller zu ihm hinüberschwingt. Stets den Antrieb zu seiner Seite hin einschlagen, damit Heck und Propeller von ihm fortdrehen.

Auffischen mit einem Schlauchboot

Jemand mit einem Schlauchboot aufzufischen ist relativ leicht. Man zieht oder rollt ihn über den seitlichen Tragschlauch ins Cockpit. Ein Schlauchboot besitzt genügend Querstabilität, daß man sogar zu zweit auf einer Seite stehen oder knien kann, um jemand aus dem Wasser ins Boot zu ziehen. Deshalb auch werden Schlauchboote bevorzugt im Sicherheits- und Rettungsdienst bei Segelregatten eingesetzt.

Auffischen mit einem Feststoffboot

Mit einem kleinen, im allgemeinen nicht sehr seitenstabilen Kunststoffboot wird das Auffischen schon etwas problematischer. Will man zu zweit jemand über die Seite ins Cockpit ziehen, kentert das Boot womöglich. Am besten steigt man, bei einem Außenborderboot, über die tief hinabreichende Motorwanne im Spiegel ein. Als Trittstufe dient die Kavitationsplatte über dem Propeller (allerdings eignen sich nicht alle Kavitationsplatten dafür). Die Längsstabilität reicht allemal aus, daß man gegebenenfalls zu zweit von der Motorwanne beziehungsweise vom Heck aus beim Anbordklettern helfen kann.

An Booten mit Innenbordmotoren findet man erfreulicherweise mehr und mehr eine Heckplattform am Spiegel, eventuell sogar mit einer abklappbaren Badeleiter. Über diese an Bord zu klettern bereitet keine Schwierigkeiten, selbst wenn das Boot in den Wellen dümpelt. Eine

Mann über Bord!

Wenn man zu zweit im Boot sitzt...

...und den Mann im Wasser anlaufen.

Mit der Fahrt heruntergehen.

...behält der Beifahrer den Mann fest im Auge.

Gegen die Windrichtung andrehen...

Auf Leerlauf schalten.

Den Motor abstellen.

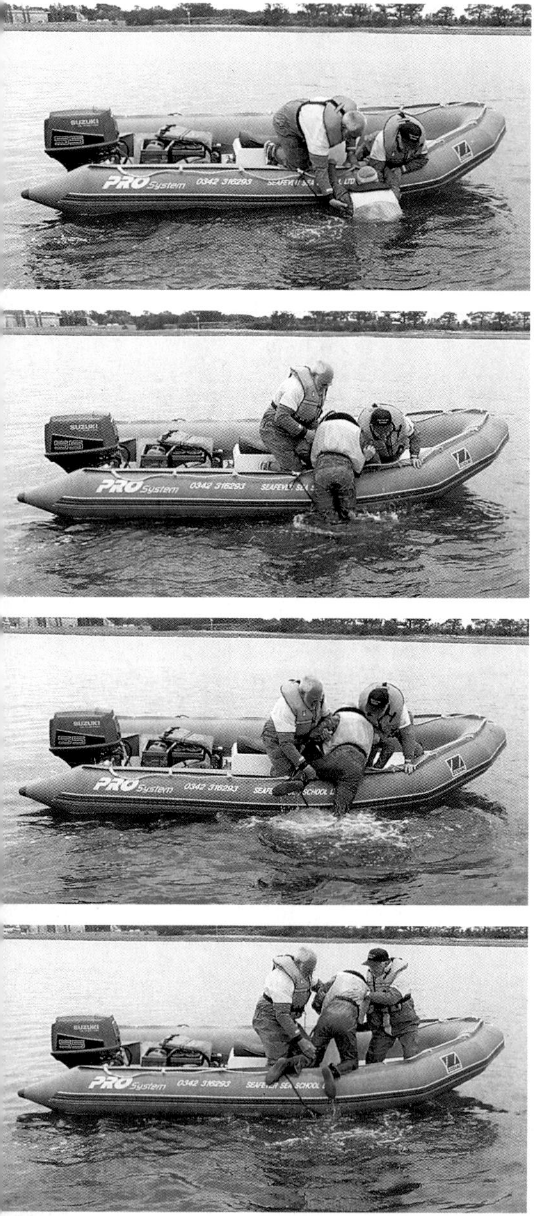

Badeleiter ist auf etwas größeren Booten überhaupt die einzige Möglichkeit, jemand aus dem Wasser zu holen. Denn bei der großen Freibordhöhe, die schon relativ kleine Innenborderboote haben, kann niemand mehr einen Menschen vom Cockpit oder Vordeck aus auffischen. Ebenso ist es unmöglich, vom Wasser aus die hohe Bordwand zu erklimmen.

Doch lassen Sie sich den Spaß am Motorbootfahren nicht durch die Beschwörung solcher Gefahren verderben. Glücklicherweise muß man schon ziemlich lange suchen, um einen Motorbootfahrer zu finden, dem tatsächlich mal ein Mitfahrer über Bord gefallen ist. Bei einer verantwortungsbewußten Fahrweise – keine tollkühnen Imponiermanöver! – kann so etwas eigentlich gar nicht passieren.

Eher fällt da schon mal jemand beim An- oder Ablegen ins Wasser, weil er auf einem glitschigen Steg oder Slip ausrutscht. Eine gelegentliche Unsitte ist es, wenn der Abstand zwischen Boot und Steg noch zu groß ist, übereifrig mit der Festmacheleine auf den Steg zu springen. Manchmal geht es gut. Manchmal eben auch nicht, und dann findet sich derjenige im meist schmutzigen Hafenwasser wieder. Ein Motorbootfahrer muß in der Lage sein, sein Boot so dicht an den Steg heranzufahren, daß man bequem mit der Leine übersteigen kann, ohne einen riskanten Sprung wagen zu müssen.

Selbst zu zweit auf einem flachen Schlauchboot ist es nicht ganz einfach, jemand mit vollgesogener Kleidung aus dem Wasser zu ziehen, wenn er – aus irgendwelchen Gründen – nicht aktiv mithelfen kann. Wie viel schwieriger wird es da erst auf einem hochbordigeren Feststoffboot.

Das Motorboot als Helfer

Zumindest auf größeren Seen, an einem sonnigen Sommertag, werden Sie sich als Motorbootfahrer häufiger in Gesellschaft von Segelbooten oder Surfern befinden. Daß Sie ihnen ausweichen müssen, haben Sie hoffentlich nicht vergessen. Nicht jeder Segler fällt verständlicherweise als Meister vom Himmel. So wird denn so mancher darunter sein, der erst noch lernen muß, mit seinem Boot umzugehen. Kleinere Segelboote ohne Ballastkiel – man nennt sie Jollen – können umschmeißen. Kentern, wie es „seemännisch" korrekt heißt. Das kann sogar leicht geschehen, wenn der Wind auffrischt und der Steuermann in einer plötzlich einfallenden Bö nicht aufpaßt. Die modernen leichten Kunststoffjollen können normalerweise von der üblichen Zweimannbesatzung wieder aufgerichtet und anschließend weitergesegelt werden. Bei Regattaseglern dauert das manchmal nur Sekunden. Selbstverständlich will das Aufrichten auch gelernt sein. Und wer nur so zum Spaß segelt, so wie Sie Motorboot fahren, wird das womöglich nicht allein schaffen. Auch könnte es sein, daß ein Segler beim Kentern so unglücklich unter das Segel geraten ist, daß er sich nicht darunter befreien kann. Da ist Hilfe von einem Motorboot geboten.

Annäherung an eine gekenterte Jolle

Sie sehen also, wie ein Segel plötzlich flach auf dem Wasser liegt und die eine Bordwand der Jolle hoch in die Luft ragt. Sehr wahrscheinlich wird die Besatzung zunächst versuchen, ihr Boot selbst aufzurichten. Man sollte jedoch heranfahren und sich erkundigen, ob alles in Ordnung ist. Wird das bestätigt, sollten Sie Ihre Hilfe nicht aufdrängen, denn erfahrene Segler kommen ohne Sie wahrscheinlich besser und schneller klar. Sie sollten aber so lange in der Nähe bleiben, bis die Besatzung ihre Jolle tatsächlich wieder aufgerichtet hat und weitersegelt.

Erhält man keine Antwort, kann oder muß man davon ausgehen, daß die Segler Hilfe brauchen, und zwar schnell. Liegt das Segel auf dem Wasser, nähert man sich langsam der Mastspitze. So hält man sich von den um den Bootsrumpf her-

Bei leichten Winden: Mit dem Wind auf die Mastspitze zufahren.

Von hier aus die Mastspitze hochheben. Der Segler hebelt derweil auf dem Schwert.

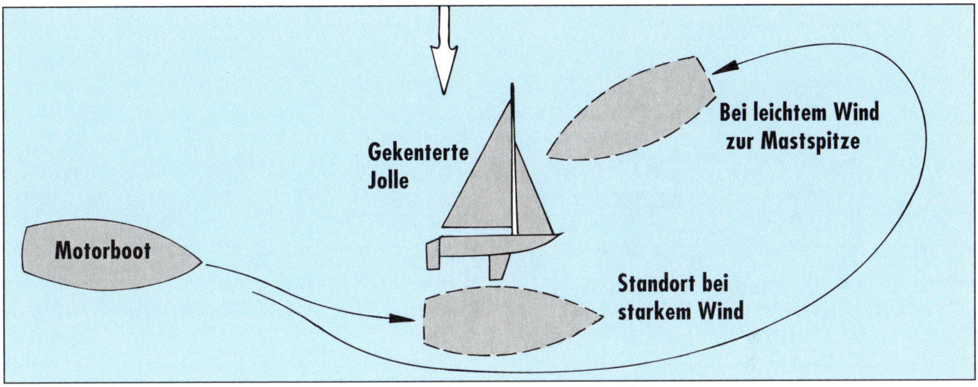

umschwimmenden Seglern frei. Außerdem kann man die Mastspitze unterfangen und so verhindern, daß die Jolle vollständig durchkentert und „kieloben“ schwimmt. Das erschwert das Aufrichten erheblich. Ist die Jolle bereits durchgekentert, nähert man sich der Bugspitze. Wichtig beim Heranfahren ist, die Segler im Wasser nicht aus den Augen zu verlieren, um sie nicht durch den Propeller zu gefährden. Und auf noch etwas müssen Sie unbedingt achten: um eine gekenterte Jolle schwabbern manchmal verschiedene Leinen herum, daß Sie sich die nicht mit dem Propeller einfangen. Selbstverständlich kümmern Sie sich zunächst um die Segler, falls sie vielleicht unterkühlt sind oder jemand verletzt ist, und holen sie in Ihr Boot.

Aufrichten einer gekenterten Jolle

Sie befinden sich an der Mastspitze. Liften Sie die Mastspitze an und drücken Sie den Mast, an

Das Segel weiter hochdrücken während der Segler vom Schwert über die Bordwand klettert.

Loslassen, das Boot richtet sich jetzt selbständig ruckartig auf. Der Segler muß schnell reagieren, damit die Jolle nicht zur anderen Seite umschlägt.

Bei stärkerem Wind ist es besser, gegen den Wind, an den Jollenrumpf heranzufahren.

Von hier aus hilft man dem Segler, das Schwert runterzudrücken und so das Segel aus dem Wasser zu bringen.

ihm oder der Verstagung entlang abwärts greifend, hoch bis das Boot in die aufrechte Lage hochschnellt. Dies geht um so leichter, wenn ein Segler sich ans Schwert hängt oder draufstellt und mithebelt.

Nach einer anderen Methode fahren Sie zum Bootsboden, aus dem üblicherweise das Schwert lang herausragt, und helfen von hier aus den Seglern, durch Gewichtsverlagerung auf das Schwert, das Boot hochzuhebeln.
Wenn die Mastspitze in Windrichtung zeigt, läßt sich das Boot verhältnismäßig leicht aufrichten, weil der Wind unter das Segel faßt, sobald es aus dem Wasser kommt. Man muß nur aufpassen, daß er das Boot nicht gleich wieder umwirft. Liegt die Mastspitze vom Wind abgekehrt, kann es schwierig werden, das Boot gegen den Winddruck aufzurichten. In diesem Fall ist es besser, vom Motorboot aus die Bugspitze der Jolle in den Wind zu ziehen. In dieser „neutralen" Stellung kommt der Wind beim Aufrichten von vorne. Er hilft zwar nicht, behindert aber auch nicht, und man vermeidet, die Jolle erneut zu kentern.

Aufrichten einer durchgekenterten Jolle

Kentert eine Jolle in flachem Wasser vollständig durch, bohrt sich die Mastspitze womöglich in den schlammigen Grund. Das macht das Aufrichten schwieriger, weil dabei leicht der Mast geknickt werden kann. Weil man aber nicht weiß, ob der Mast im Grund steckt, geht man zunächst an der dem Wind zugekehrten Seite des Bootes längsseits und versucht, die Bootsseite nach unten zu drücken und die Jolle so in die normale Kenterlage zu bringen. Funktioniert das nicht, macht man eine Leine an der windabgewandten Mastverstagung fest und führt sie, vorne vor dem Schwert, quer über den Bootsboden. Dann fährt man langsam im rechten Winkel zur gekenterten Jolle und möglichst auch in Richtung gegen den Wind an. Selbst wenn der Mast im Grund steckt, wird es mei-

Richtet sich die Jolle auf, eventuell gegenhalten, damit sie einem nicht womöglich entgegenkentert und man Mast und Segel auf den Kopf bekommt.

Mit dem Ablegen so lange warten, bis die Segler auf ihrem Boot mit allem klar sind und weitersegeln können.

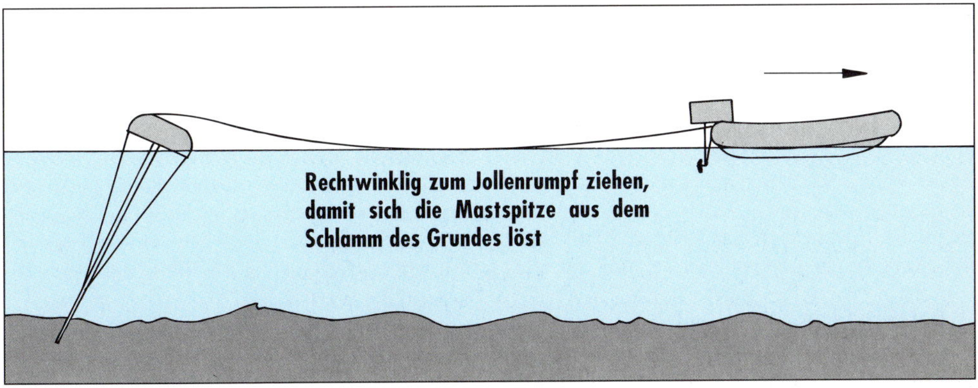

stens gelingen, ihn auf diese Weise unbeschädigt herauszuziehen.

Hat man die Jolle erst einmal auf die Seite gedreht, wird wie bei einer normalen Kenterung fortgefahren.

Wenn die Jolle vollständig durchgekentert ist, gibt man den Seglern eine Leine hinüber, die sie an der Mastverstagung (Want) der abgekehrten Seite festmachen.

Das andere Ende der Leine an Bord belegen und quer zur Jolle langsam anschleppen. (Üblicherweise mit Fahrt voraus, wie in der Zeichnung dargestellt.)

Abschleppen

Nicht immer wird es möglich sein, nach dem Aufrichten wieder weiterzusegeln. Weil irgend etwas am Boot beschädigt worden oder tatsächlich der Mast gebrochen ist. Oft aber bleiben Segler auch hilflos in einer Flaute liegen und sind darauf angewiesen, daß sie ein Motorbootfahrer nach Hause schleppt. Es gibt drei verschiedene Schleppmethoden.

Hinterherschleppen

Das abzuschleppende Boot sollte man gegen Wind oder Strom anlaufen, weil man da besser manövrierfähig ist. Dann stoppt man neben dem anderen und nimmt dessen Leine an oder gibt seine eigene Leine hinüber, die zuvor sicher auf einer Klampe oder ähnlichem belegt sein muß. Niemals eine Schleppleine werfen, wenn der Abstand zwischen den Booten noch groß ist. Zu leicht könnte sie sonst ins Wasser klatschen und in den Propeller geraten. Dann brauchen Sie selbst eine Schlepphilfe!

Zum Abschleppen muß das Schwert einer Jolle vollständig aufgeholt werden, damit sie nicht querschießt. Das wissen die Segler vielleicht nicht, deshalb ist es besser, sie darauf hinzuweisen. Fahren Sie langsam an, damit die Schleppleine nicht ruckartig steif kommt. Ob Sie dann mit einem Gleitboot in Verdrängerfahrt schlep-

Da Jollen üblicherweise keine Schleppösen haben, muß die Schleppleine am Mast belegt und am Bug (s. Detail) beigebunden werden. Am eigenen Boot kommt sie auf die Heckklampe. Falls es keine gibt – wie beispielsweise auf einem Schlauchboot –, muß die Leine so geführt werden, daß sie nicht den Lenkausschlag des Außenborders behindert.

Ist der Mast erst aus dem Wasser, können die Segler ihr Boot meist, wie aus einer 90°-Kenterung, allein aufrichten, oder man zieht weiter bis die Jolle wieder aufrecht schwimmt.

Dann holt man seine Leine ein oder wirft sie los, falls die Segler ihre herübergegeben haben. Weggefahren wird erst, wenn man sich überzeugt hat, daß die Segler allein klarkommen.

pen müssen, hängt zum einen davon ab, ob Ihr Boot mit dem Anhang überhaupt noch ins Gleiten kommt, und zum anderen, ob der Geschleppte selbst gleiten kann – etwa eine Gleitjolle – oder ein Verdränger ist. Achten Sie bei stärkerem Wind von hinten darauf, daß der Anhang nicht schneller geschoben wird als Sie fahren und dadurch die Schleppleine lose kommt und womöglich in den Propeller gerät. Eventuell muß auf der Jolle ein Schleppwiderstand ausgebracht werden – etwa eine Leine mit Schöpfgefäß –, um zu bremsen.

Rückwärts schleppen

Jollen mit einem flachen Boden im Heckbereich können manchmal beim Schleppen Probleme machen, weil sie stark ins Gieren geraten – nach rechts und links ausscheren – und dadurch sehr starke ruckartige Belastungen auf die Schleppleine kommen. Man kann das leicht vermeiden, indem man sie mit dem Heck voran schleppt. Dabei pflügt das V-förmige Vorschiff durchs Wasser und sorgt für Spurtreue.

Man holt das Schwert hoch und hängt das Ruder aus. Dann legt man eine lange Leine um den Mast und die Wanten, führt sie um den Rumpf und verknotet sie unter dem Heck. An diesem „Gürtel“ und gleichzeitig am Schwertkasten oder Mast wird die Schleppleine befestigt. Sie sollte nicht zu kurz sein.

Sowie Sie beschleunigen, hebt sich das Heck aus dem Wasser und der Bug sackt weg. Versuchen Sie mit dem Schlepp ins Gleiten zu kommen. Normalerweise gelingt das beim Schleppen mit dem Heck voran immer. Wenn nicht, müssen Sie das Gas wieder zurücknehmen und in Verdrängerfahrt mit dem Anhang heimfahren.

So läßt sich eine Jolle mit dem Heck voran in Gleitfahrt schleppen. Der V-förmige Bug macht sie „spurtreu“.

Längsseits schleppen

In engen Fahrwassern beispielsweise kann es angebracht sein, längsseits zu schleppen. Legen Sie sich so neben das zu schleppende Boot, daß Ihr Propeller hinten frei von dem anderen ist und rundum genügend Wasser bekommt. Die Boote müssen natürlich gut gegeneinander abgefendert werden. Achten Sie dabei, daß sich die Fender nicht wirkungslos an Deck schieben oder unter den Rumpf ziehen können. Außerdem müssen die Boote so aneinander festgemacht sein, daß sie möglichst wenig Bewegungsspielraum haben.

Die eigentliche Schleppleine ist die sogenannte Vorspring. Sie führt vom Bug des Schleppers zum Heck des Geschleppten. Sie nimmt den Zug in Fahrtrichtung auf. Eine Vor- und eine Achterleine halten die beiden Boote zusammen. Ist man gezwungen auch rückwärts zu fahren, braucht man zusätzlich eine Achterspring vom Heck des Schleppers zum Bug des Geschleppten. Sie nimmt beim Zurücksetzen den Zug auf.

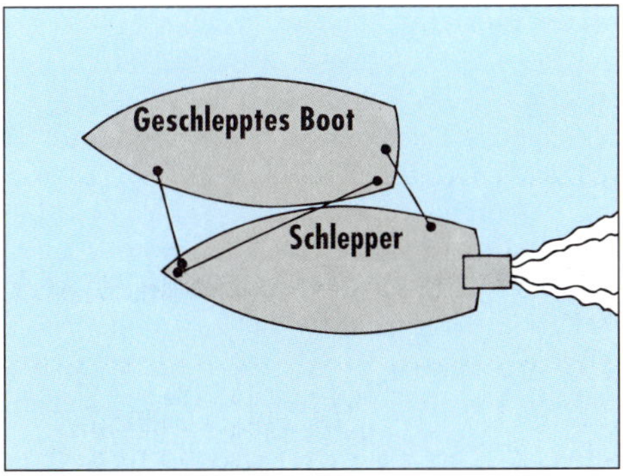

Beim Längsseitsschleppen muß das zu schleppende Boot nach vorne versetzt festgemacht werden, damit man besser manövrieren kann.

Wie immer Sie schleppen: beim Loswerfen am Ziel unbedingt darauf achten, daß die Schleppleine nicht in den Propeller gerät. Die fremde Leine werfen Sie möglichst direkt auf das geschleppte Boot oder weit genug von Ihrem Propeller entfernt ins Waser. Die eigene Leine, die der Geschleppte losgeworfen hat, holen Sie stets bei ausgekuppeltem Propeller ein.

Windsurfer

Es ist durchaus nicht immer leicht, zu erkennen, ob ein Surfer in Schwierigkeiten ist oder nicht. Für den unvorbereiteten Beobachter sieht es so aus, als seien die Surfer fast immer in Schierigkeiten. Mal sieht man das Segel, mal sieht man sie im Wasser liegen, aber meist sieht man sie auch bald darauf das Segel aus dem Wasser ziehen und weitersurfen. Jedoch viele Stürze ins Wasser fordern ihren Zoll. Die Kräfte erlahmen, Auskühlung kommt vielleicht hinzu, und irgendwann ist es so weit, daß der Surfer es nicht mehr allein schafft und auf Hilfe angewiesen ist. Aber wann? Vielleicht ist er bereits zu erschöpft, um noch winken zu können. Brett und Segel liegen zudem sehr flach auf dem Wasser und sind bei leichtem Wellengang auf größere Entfernung kaum auszumachen.

Annäherung

Ein treibendes Surfbrett hat die Neigung, sich so auszurichten, daß der Mast in Windrichtung zeigt und das Brett mit dem Wind driftet. Bei leichten Winden nähert man sich am besten der Mastspitze, so daß Boot und Brett in dieselbe Richtung treiben. So kann das Segel quer übers Boot und der erschöpfte Surfer ins Cockpit gezogen werden. Sowie Sie Segel oder Mastspitze zu fassen bekommen können, kuppeln Sie aus und stellen den Motor ab, um Verlet-

Bei etwas kräftigerer Brise ist es sicherer, direkt neben dem Brett längsseits zu gehen.

Bei leichtem Wind läuft man auf die Mastspitze zu, parallel zum Surfbrett (links), zieht den Mast mit Segel und Gabelbaum aufs Boot (Mitte) und nimmt den (erschöpften) Surfer an Bord.

zungen durch den Propeller zu vermeiden. Sie sollten niemals aus zu schneller Fahrt heraus mit „zurück“ abstoppen. Die auflaufende Heckwelle könnte den Surfer vom Brett kippen.

Bei stärkerem Wind ist diese Methode allerdings etwas bedenklich, weil man dabei – vom Rückenwind geschoben – leicht das Brett überfahren kann. Da kommen Sie besser von der anderen Seite und gehen direkt am Brett längsseits, mit Ihrem Bug in Richtung der Bugspitze des Brettes. Dann schalten Sie den Motor ab und holen der Surfer zu sich herüber.

Bergen des Brettes

Natürlich wird der Surfer den Wunsch haben, sein Brett mitzunehmen. Ist man an die Mastspitze herangefahren, geht das verhältnismäßig einfach. Man zieht das Segel so weit quer übers Boot, bis das Brett so dicht wie möglich längsseits schwimmt. Der Surfer muß, von Ihrem Cockpit aus, sein Brett am Gabelbaum festhalten – und man fährt mit dem parallel übers Wasser gleitenden Brett Richtung Ufer. Wenn die Entfernung nicht zu groß ist. Auf einem

Eine Methode, das Surfbrett ans Ufer zu transportieren: das Rigg (Mast, Segel und Gabelbaum) festzuhalten und das Surfbrett parallel, wie einen Ausleger, mitlaufen zu lassen.

kleinen Motorboot wird man das Segel wahrscheinlich nur übers Heck ziehen können und muß dann acht geben, daß es nicht den Lenkausschlag des Außenborders behindert. Das Schwert des Surfbrettes sollte hochgeklappt, beziehungsweise herausgezogen sein.

Wenn man gegen den Wind das Surfbrett direkt anläuft, ist die Bergung nicht ganz so einfach. Der Surfer kann zwar leichter vom Brett aufs Boot übersteigen, aber den Mast mit dem Segel von der abgekehrten Seite über das Brett hinweg aufs Boot herüberzuholen, kann zu einem schwierigen Geschäft werden. Voll durchgelattete Segel sind besonders sperrig, und man muß scharf aufpassen, daß nicht plötzlich der Wind unter das Segel faßt, es herumschlägt, und jemand vom Mast getroffen wird.

Bei bewegtem Wasser und wenn das Ufer weiter entfernt ist, wird es kaum möglich sein, das Brett am Gabelbaum längsseits zu halten. In dem Fall muß man das Segel vom Brett abnehmen, ins Boot packen, und das nackte Brett abschleppen. Da die Schleppösen an Surfbrettern im allgemeinen sehr klein sind, werden Sie an Ihre Schleppleine wahrscheinlich eine entsprechend dünne Leine anknüpfen müssen.

Bei vielen Surfbrettern ist es unproblematisch, das Rigg - das sind Mast, Gabelbaum und Segel - abzunehmen und zusammenzurollen. Neuere Riggs mit voll durchgelatteten Segeln sind da etwas komplizierter. Sie müssen vollständig auseinandergenommen werden. Aber das sollte der Job des aufgefischten Surfers sein.

Notzeichen

Man begreift es kaum, aber Sie glauben gar nicht, wie oft Motorboote mit leerem Tank liegenbleiben. Ihnen wird das sicher nie passieren! Es gibt jedoch andere Probleme, gegen die niemand gefeit ist: Zu den übelsten Propellerkillern zählen Plastikfolien die, fast unsichtbar, dicht unter der Wasserobefläche schweben, aber natürlich auch alle Arten von Schnüren und Leinen. Sehr oft ist es nicht möglich, den Propeller vom Boot aus von seinem „Fang“ zu befreien. Dann ist man auf Schlepphilfe angewiesen. Wie aber macht man sich Vorüberfahrenden bemerkbar?

Langsames, gleichzeitiges Heben und Senken beider Arme gilt international als übliches Notsignal. Es sollte deshalb niemals verwendet werden, um etwa Freunde oder Bekannte auf sich aufmerksam zu machen.

Es ist zwar gesetztlich nicht verankert, hat sich jedoch mittlerweile international eingebürgert:

- Langsames und wiederholtes Heben und Senken der seitlich ausgestreckten Arme. Dies gilt sowohl im Binnenland als auch auf See als Notzeichen.

Die Binnenschiffahrtsstraßen-Ordnung schreibt außerdem verbindlich vor:

- Eine Flagge oder einen sonstigen gut erkennbaren Gegenstand im Kreis zu schwenken. Sehr gut dazu eignet sich beispielsweise eine rote oder orangefarbene Rettungsweste.
- In der Dunkelheit ein im Kreis geschwenktes Licht.
- Wiederholte lange Töne (Tondauer etwa 4 Sekunden) mit dem Nebelhorn.

Vielleicht sind's ja nicht Sie, der Hilfe braucht. Falls Sie aber diese Zeichen sehen oder hören, sind Sie verpflichtet, Hilfe zu leisten oder, wenn das nicht möglich ist, Hilfe herbeizuholen. Auch auf dem Wasser gibt es so etwas wie Fahrerflucht.

Probleme mit dem Motor

Fehlersuche beim Außenborder

Ein Handstart mit der Reißleine sollte beim dritten Versuch zum Erfolg führen. Wenn nicht, ist etwas nicht in Ordnung. Versuchen Sie es nicht einfach weiter, denn ununterbrochenes Starten über einige Minuten kann schnell zum Zusammenbruch der Zündanlage und einer teuren Reparatur führen. Bevor Sie es erneut versuchen, sollten Sie folgende Liste durchchecken:

Kraftstoff

- Ist Kraftstoff im Tank?
- Ist der Kraftstoffhahn offen?
- Ist ein Knick in der Kraftstoffleitung oder steht etwas drauf?
- Haben Sie mit dem Pumpball in der Kraftstoffleitung Benzin zum Motor gepumpt? (Man fühlt einen Widerstand, wenn es beim Motor ankommt)
- Ist die Kraftstoffleitung richtig angeschlossen?
- Ist die Entlüftungsschraube am Kraftstofftank (meist sitzt sie am Deckel) geöffnet?
- Ist der Notstop-Clip angesteckt? Der Motor kann in der Regel ohne ihn nicht starten.
- Stehen Gas- und Ganghebel in Startposition?

Elektrostart

Läßt sich der Motor mit dem Zündschlüssel starten, muß man den Schlüssel beim Starten nach unten drücken und drehen, um automatisch den Choke (die Luftklappe) zu bedienen.

Kann der Motor über einen separaten Druckschalter gestartet werden, gibt es in einigen Fällen einen eigenen Schalter oder Bowdenzug für den Choke.

Zum Anlassen des Motors muß die Luftklappe geöffnet werden. Wenn der Motor rund läuft, kann man den Choke langsam wieder zurückschieben. Dann stellt man den Gashebel so ein, daß der Motor mit etwa 1500/min dreht. Drei Minuten sollte man ihn in dieser Stellung warmlaufen lassen.

Haben Sie den Choke überprüft, und der Motor springt immer noch nicht an, sollten Sie die Zündkerzen kontrollieren.

Zündkerzen

Schrauben Sie die Zündkerzen heraus (vergewissern Sie sich, im Werkzeugkasten stets einen Zündkerzenschlüssel zu haben) und kontrollieren Sie, ob die Kerzen verölt sind. Schnuppern Sie: Die Zündkerzen sollten nach Benzin riechen. Reinigen Sie gegebenenfalls die Kerzen und kontrollieren Sie die Zündkerzenstecker. Vielleicht müssen Sie aber die alten Kerzen gegen neue auswechseln. Beispielsweise bei starkem Verschleiß, Schäden an der Kerze oder extremer Verschmutzung.

Springt der Motor immer noch nicht an, müssen Sie ihn von einem Fachmann untersuchen lassen.

Das Kühlsystem

Selbst wenn der Motor anspringt, bedeutet das nicht, daß er in Ordnung ist. Arbeitet das Kühlsystem nicht, läuft der Motor für eine Weile, dann überhitzt er aber und frißt sich fest.

Bei einem Außenborder wird der Zylinderblock von Wasser gekühlt, das über eine Leitung von unterhalb der Kavitationsplatte durch den Schaft nach oben gepumpt wird. Da die Impellerpumpe des Kühlsystems als Schmiermittel immer Wasser benötigt, darf ein Außenborder niemals außerhalb des Wassers gestartet werden. Es sei denn, man schließt einen Gartenschlauch oder eine andere Wasserversorgung am Kühlwassereintritt des Motors an.

Im Leerlauf sollte ein feiner Kontroll-Wasserstrahl an der Rückseite des Propellerschaftes austreten. Er signalisiert, daß das Kühlsystem in Ordnung ist. Der schmale Kanal des Kontrollstrahls kann leicht durch Schlamm, Tang oder kleine Wassertiere mit der Zeit verstopfen. Ist das der Fall, sollten Sie versuchen, einen dünnen Draht durch den Kanal zu schieben und die Verstopfung zu beseitigen.

Führt das nicht zum Erfolg, müssen Sie den Motor abstellen und zur Service-Werkstatt bringen. Lassen Sie den Motor weiterlaufen, riskieren Sie einen kapitalen Schaden.

Einbaumotoren haben ein ähnliches Kühlsystem wie Außenborder. Sie werden ebenfalls mit Seewasser gekühlt. Bei Störungen sollte man das Handbuch heranziehen.

Propeller und Getriebe

Läuft der Motor rund, sorgt aber nicht für Vortrieb, kann ein Fehler am Propeller oder Getriebe vorliegen. Machen Sie folgende Checks:

- Stellen Sie den Motor ab, und kontrollieren Sie den Propeller. Der Prop wird auf der Welle normalerweise mit einer Unterlegscheibe, einer Kronen-(Propeller-)Mutter und einem Splint befestigt. Wenn die Mutter nicht korrekt gesichert ist, kann der Prop abfallen. Ist sie gesichert? Wenn ja – sollten Sie dennoch immer eine Ersatzmutter, einen Splint und einen Ersatzpropeller an Bord haben.
- Können Sie bei eingelegtem Gang den Propeller auf der Welle von Hand drehen, müssen Sie den Scherstift oder die Rutschkupplung kontrollieren. Der Scherstift ist ein kleiner Sicherheitsstift aus weichem Metall, der abschert, wenn irgendetwas den Prop blokkiert. Kleine Außenborder bis 3 kW (4 PS) sind in der Regel mit einem Scherstift ausgerüstet; große moderne Motoren haben dagegen in der Prop-Nabe eine Rutschkupplung, die durchdreht, wenn der Prop klemmt, und so verhindert, daß das Getriebe beschädigt wird.
- Kontrollieren Sie den Mechanismus der Getriebeschaltung. Er kann sich gelöst haben und vom Getriebe abgefallen sein. In diesem Fall ist das Umlegen des Schalt-/Gashebels nach vorne und nach hinten ohne Wirkung.
- Legen Sie bei abgestellter Maschine den Ganghebel nach vorne oder nach hinten und versuchen Sie, mit nicht zu großer Kraft, am Propeller zu drehen. Es sollte nicht möglich sein, den Prop zu drehen. Läßt er sich aber drehen – und zwar rauh und schleifend – muß das Getriebe auf einen inneren Schaden hin überprüft werden. (Drehen Sie den Prop bei eingelegtem Gang nie mit Gewalt durch. Es ist vorgekommen, daß Motoren gelegentlich angesprungen sind und daß dies zu ernsthaften Verletzungen geführt hat.)

Propellerwechsel

Ist der Propeller beschädigt, muß er ausgetauscht werden. Das ist sehr einfach und kann selbst auf dem Wasser mit Zange, Schraubenzieher, Schraubenschlüssel, Hammer und Holzkeil ausgeführt werden – vorausgesetzt, ein Ersatzprop ist an Bord. Davon sollten Sie sich vor Fahrtantritt überzeugen.

Man sollte Propeller auch deshalb abnehmen, weil sie ein beliebtes Diebesgut sind. Wenn Sie ihr Boot für längere Zeit unbeaufsichtigt in einer Marina liegen lassen, sollten Sie den Prop demontieren, bevor es andere tun. In den folgenden sechs Punkten wird die Demontage erklärt.

Dieser Propeller ist durch Kronenmutter und Splint gesichert. Den Splint mit einer Zange ziehen.

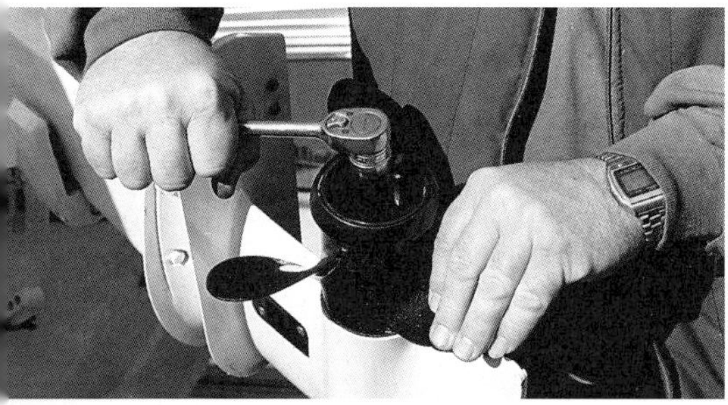

Die Mutter am besten mit einem Steckschlüsel mit Knarre lösen, weil die Mutter im Kavitationsring versenkt ist.

Den Propeller von Hand abziehen. Er sollte leicht kommen, andernfalls muß die Propellerwelle nachgefettet werden.

Vorsicht, daß der Druckring hinter dem Propeller nicht verloren geht. Besonders überm Wasser.

1. Sehen Sie sich zunächst die Propellermutter an. Ist sie wie eine Krone geformt, und wird sie von einem Splint gesichert, drücken Sie die Enden des Splints mit einer Zange zusammen und ziehen ihn dann heraus.
2. Ist die Mutter mit einem Blech gesichert, müssen Sie die umgebogenen Laschen mit einem Schraubenzieher zurückdrücken. Schützen Sie den Kavitationsring am Ende des Propellers mit einem Stück Holz, das Sie unter die Klinge des Schraubenziehers legen.
3. Sind alle Laschen zurückgebogen (oder ist der Splint gezogen), wird die Mutter mit einem Schraubenschlüssel gelöst. Klemmen Sie zwischen Prop und Kavitationsplatte einen Holzkeil, damit sich der Prop nicht dreht oder das Getriebe beschädigt wird.
4. Da die Welle normalerweise leicht konisch ist, kann der Prop nun meist ohne Probleme abgezogen werden. Sollte das nicht der Fall sein, lösen Sie ihn mit leichten Hammerschlägen gegen einen untergelegten Holzkeil.

5. Ziehen Sie den Prop vorsichtig ab, damit der Druckring nicht verloren geht. Er verhindert, daß der Prop das Getriebegehäuse beschädigt.
6. Fetten Sie die Welle mit einem biologisch abbaubaren Fett, und montieren Sie den neuen Prop in umgekehrter Reihenfolge.

Entlüften eines Dieselmotors

Sie sollten sich mit der Entlüftung eines Dieselmotors auskennen, weil das auf See leicht nötig werden kann, beispielsweise weil Luft aus einem fast leeren Tank angesaugt wurde. Im Folgenden wird in knapper Form eine Methode beschrieben, die meist einigen Dreck verursacht. Vergewissern Sie sich also, daß der Werkzeugkasten neben Schraubenschlüsseln zum Lösen der Verbindungsschrauben an den Kraftstoffleitungen, eine Menge Putzlappen enthält. Gehen Sie in folgenden Schritten vor:

1. Lösen Sie alle Verbindungsschrauben mit einer halben bis ganzen Drehung. Lassen Sie die Schrauben locker.
2. Lösen Sie die Verbindungen am Kraftstoffilter und an der Kraftstoffpumpe.
3. Lösen Sie die Verbindungen an der Einspritzdüse.
4. Lösen Sie die Rücklaufleitungen der Einspritzdüsen.
5. Drehen Sie den Motor durch, indem Sie entweder den Starterknopf drücken oder den Zündschlüssel betätigen.

Wenn der Motor dreht, wird Diesel angesogen und durch das Kraftstoffsystem gepumpt. Möglicherweise springt der Motor an. Lassen Sie ihn ruhig weiterlaufen. Diesel wird zwischen den gelösten Verbindungen herausspritzen. Er wird sich nicht entzünden, schlimmstenfalls den Motorbereich verschmutzen.

6. Drehen Sie alle gelösten Verbindungen wieder fest. Sie beginnen dabei am Tank und arbeiten sich dann Richtung Einspritzdüsen vor.
7. Putzen Sie mit Lappen den ausgetretenen Kraftstoff weg und entsorgen die Lappen dann ordnungsgemäß.

Bergung eines Motors aus dem Wasser

Wenn der Außenbordmotor sich vom Spiegel löst und ins Wasser fällt, sind die Umstände, unter denen das passiert wichtig, denn sie entscheiden, ob der Motor wieder gestartet werden kann oder nicht. Grundsätzlich ist es so: Wenn ein mit hoher Drehzahl laufender Motor untergeht, kommt viel Wasser durch den Vergaser in die Zylinderköpfe und Brennräume. Das eindringende Wasser blockiert dann den Motor, weil es sich nicht komprimieren läßt. Wenn Sie jedoch den Motor schnell aus dem Wasser bergen können, lohnt es sich, folgendes als Notbehelf zu probieren:

1. Kontrollieren Sie, ob sich der Kraftstoff mit Wasser vermischt hat.
2. Lösen Sie die Ablaßschrauben an den Vergasern und pumpen Sie in das Kraftstoffsystem solange neues Benzin, bis sauberes Benzin aus den Ablaßöffnungen fließt (Putzlappen bereithalten). Ziehen Sie die Ablaßschrauben an den Vergasern wieder an.
3. Schrauben Sie alle Zündkerzen heraus und drehen Sie den Motor durch. Es sollte ohne großen Widerstand funktionieren. Dadurch erfahren Sie, ob Sie den Motor wieder zum Laufen bringen können. Ist allerdings bei hoher Drehzahl eine Menge Wasser in die Zylinder gekommen, blockiert der Motor und wird sich nicht drehen lassen. Dann ist er ein Fall für die Werkstatt, weil wahrscheinlich ein Pleuel verbogen ist.

4. Läßt sich der Motor drehen, sollte alles Wasser und jeglicher Dreck durch die Zündkerzenlöcher aus dem Motor gedrückt werden. Dafür sollte der Motor auf dem Kopf stehen.
5. Spritzen Sie wasserverdrängendes Öl in jeden Zylinder.
6. Schrauben Sie die Zündkerzen wieder ein und kontrollieren Sie, ob das Kraftstoffsystem gefüllt ist.
7. Sprühen Sie reichlich Korrosionsschutzöl über den ganzen Motor.
8. Machen Sie die normalen Startvorbereitungen und dann versuchen Sie, ihn anzuwerfen.

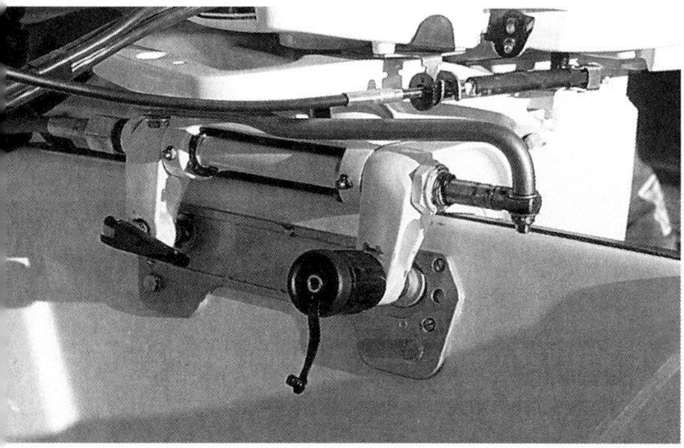

Da sich Außenborder gerne losrütteln, müssen die Klemmschrauben häufiger mal kontrolliert werden. Diese hier sind mit einem speziellen Sicherungssystem versehen.

Wer besonders vorsichtig sein will, sichert den Motor noch zusätzlich mit einer Leine. Sollte er tatsächlich abfallen, kann man ihn an der Leine wieder hochholen.

Pflege und Wartung

Der beste Weg, mit Problemen umzugehen, ist, sie zu vermeiden. Auf Boote übertragen heißt das: halten Sie Boot und Motor immer in gutem Zustand und lagern Sie sie am Ende der Saison sorgfältig ein. Die Basis aller Pflege ist wohl die tägliche Routine, wenn das Boot aus dem Wasser genommen wird.

Abwaschen

Benutzen Sie Süßwasser, um Boot und Trailer abzuwaschen. Schließen Sie den Kühlwassereinlaß mit einer Spülmanschette an den Gartenschlauch an und drehen Sie das Wasser an. Starten Sie den Motor. Das restliche Salzwasser, der Sand und Schlamm werden aus dem Kühlsystem ausgewaschen. Wenn Sie Ihren Zweitakt-Außenborder eine längere Zeit nicht benutzen, können Sie die Kraftstoffleitung abklemmen und so den oder die Vergaser leerlaufen lassen. Dadurch vermeiden Sie unnötige Ölrückstände im Vergaser, die zurückbleiben, wenn die flüchtigen Anteile aus dem Kraftstoff verfliegen. Nach mehreren Wochen kann dieses Öl Vergaserdüsen verkleben und bewirken, daß der Motor nur schwer anspringt.

Um ihren Motor über viele Sommer in gutem Zustand zu behalten, sollten Sie diese Routine regelmäßig durchführen. Es gibt jedoch eine ganze Reihe weiterer Pflegearbeiten außer dem Durchspülen des Kühlwassersystems nach jeder Fahrt.

Grundpflege von Außenbordern

Der ganze Motor muß sauber und trocken gehalten werden. Um ihn vor Korrosion an Elektrik und beweglichen Teilen zu schützen, sollte speziell für den Marinebereich entwickeltes wasserabstoßendes Sprühöl verwendet werden. Wenn ordinäres Maschinenöl für die äußere Konservierung benutzt wird, riskiert man Kriechströme im Hochspannungsteil der Elektrik. Außerdem hinterläßt Maschinenöl einen gelben Film auf den damit behandelten Teilen.

In regelmäßigen Abständen sollte der Motor mit einem speziellen Reiniger aus dem Marine- oder Kfz-Zubehör von Verschmutzungen befreit und danach wieder leicht eingeölt werden.

Lackierung

Alle Metallteile des Motors, besonders die aus Aluminium, müssen vor der zerstörerischen Wirkung von Salzwasser und Elektrolyse geschützt werden. Am einfachsten geht dies mit einer intakten Lackierung. Kontrollieren Sie die Lackierung des Motors. Kratzer und Lackabplatzer sollten sofort ausgebessert werden. Reinigen Sie die betreffenden Stellen von Fett und Ölrückständen, beispielsweise mit einer Seifenlösung und warmem Frischwasser. Bessern Sie

Nach jeder längeren Fahrt vom Außenborder die Motorhaube abnehmen und den Motor mit Marineöl einsprühen. Das verhindert Korrosion.

Es ist wichtig, am Ende jeder Saison den Motor mit Frischwasser durchzuspülen. Man schließt einen Wasserschlauch an die Spülmanschette für die Kühlwasserschlitze an, sperrt die Kraftstoffleitung zu und läßt den Motor laufen, bis die Kraftstoffleitung leer ist, und er stehenbleibt.

die Stellen mit einer vom Motorenhersteller angebotenen Farbe oder mit einer geeigneten Korrosionsschutzfarbe auf Zink-Chrom-Basis aus.

Fett

Benutzen Sie zum Abschmieren der Schmierstellen möglichst biologisch abbaubares, salzwasserbeständiges Fett aus dem Zubehörprogramm des Motorenherstellers.

Getriebeöl

Das Getriebe ist mit speziellem Getriebeöl gefüllt. Eine Kontrolle des Füllstandes ist hin und wieder nötig und meist durch eine Kontrollschraube möglich. Getriebeöl muß in regelmäßigen, in der Betriebsanleitung vorgeschriebenen, Abständen gewechselt werden. Zum Ablassen muß die Ablaßschraube herausgedreht werden, aus der das Öl dann möglichst komplett herauslaufen soll. Kontrollieren Sie das alte Öl. Ist es milchig, so ist Wasser durch eine undichte Stelle in das Getriebe gelangt. Das Abdichten sollte eine Fachwerkstatt übernehmen. Finden Sie kein Wasser im Öl, können Sie das Getriebe mit vom Hersteller vorgeschriebenen Öl neu befüllen.

Zweitaktöl

Zweitaktmotoren brauchen ein Benzin-Öl-Gemisch, das dem Motor als Kraft- und Schmierstoff dient. Benutzen Sie empfohlenes Öl und eine korrekte Mischung. Das Mischungsverhältnis der Einführphase des neuen Motors kann anders (fetter) sein, als das des normalen Betriebes. Hinweise darauf finden Sie in der Betriebsanleitung. Viele Motoren brauchen ein Gemisch von 50:1 von Benzin und Öl. Zunehmend werden aber Motoren angeboten, bei denen man den Kraftstoff nicht in einem festen Verhältnis vormischen muß. Diese Motoren haben einen Tank für das Zweitaktöl und mischen, je nach Betriebszustand, selbst. Zweitaktöl, das für Autos und Motorräder angeboten wird, sollte niemals verwendet werden. Es verbrennt nicht mit der richtigen Temperatur, bietet meist einen niedrigeren Korrosionsschutz und kann daher die Lebensdauer des Motor verkürzen.

Neben dem Öl ist auch das Benzin entscheidend für einen runden, verschleißarmen Motorlauf. Welche Oktanzahl nötig ist und ob Sie verbleites oder unverbleites Benzin tanken können, steht in der Betriebsanleitung.

Das Kraftstoffsystem

Das Kraftstoffsystem muß absolut sauber gehalten werden. Achten Sie darauf, daß kein Sand, Staub oder Wasser in den Tank gelangen. Kontrollieren Sie regelmäßig den Benzinfilter an Motor und Tank. Montieren Sie, soweit möglich, einen Wasserabscheider in die Kraftstoffleitung.

Grundpflege von Einbaumotoren

Die fest installierten Bootsmotoren brauchen eine ähnliche Pflege, wie die Außenborder. Nach einer Reinigung des Motors, mit einem geeigneten Mittel und Frischwasser, pumpen Sie das Wasser-Reiniger-Schmutz-Gemisch aus der Bilge in einen Eimer oder Plastikkanister. Der Kanister muß dann fachgerecht entsorgt werden. Klären Sie möglichst vorher mit dem Hafenkapitän, ob es Tanks für veröltes Wasser gibt.

Lassen Sie die Maschine nach der Reinigung trocknen und sprühen Sie sie dann mit wasserverdrängendem Korrosionsschutzöl ein.

Benziner

Einbau-Benzinmotoren sind mit Automotoren vergleichbar und brauchen einen vergleichbaren Service:

- Erneuern Sie regelmäßig den Benzinfilter.
- Überprüfen Sie, ob die Kühlwasserpumpe einwandfrei läuft und kontrollieren Sie alle Kühlwasserschläuche und die Anschlüsse.
- Kontrollieren Sie den Kühlwasserstand, je nach Motor, am Kühler oder Ausgleichsbehälter. Mischen Sie dem Kühlwasser immer Frostschutzmittel bei. Es verhindert nicht nur das Einfrieren des Wassers, es schützt außerdem vor Korrosion. Verwenden Sie nur ein Frostschutzmittel, das vom Motorenhersteller empfohlen wird.
- Kontrollieren Sie regelmäßig den Ölstand von Schmieröl, Antrieb/Getriebe und Servolenkung, soweit vorhanden. Wechseln Sie das Öl in den empfohlenen Abständen.

Diesel

- Wechseln Sie regelmäßig den Kraftstoffilter. Idealerweise sollten zwei Filter hintereinandergeschaltet sein.
- Kontrollieren Sie den Wasserabscheider in der Kraftstoffleitung. Das Wasser kann aus dem Abscheider mit einer Schraube oder einem Hahn abgelassen werden.
- Kontrollieren Sie die Ölstände von Maschine, Antrieb/Getriebe und Servolenkung (so vorhanden) und wechseln Sie das Öl in den empfohlenen Abständen. Benutzen Sie nur vom Hersteller empfohlenes Öl.
- Kontrollieren Sie die ordnungsgemäße Funktion der Kühlwasserpumpe. Werfen Sie dabei einen Blick auf alle Schläuche und Anschlüsse des Kühlsystems.
- Überprüfen Sie den Kühlwasserstand und ob die Menge der Frostschutzflüssigkeit im Kühlwasser ausreicht.

Einfahren des Motors und erste Inspektion

Eine neue Maschine sollte vom Händler vor dem Verkauf immer einer letzten Kontrolle unterzogen werden. Überzeugen Sie sich vor dem Kauf, daß diese Kontrolle durchgeführt worden ist.
Für jeden Motor gibt es eine empfohlene Einfahrzeit, die für die ersten Betriebsstunden ein Drehzahl-Limit vorschreibt. Halten Sie sich daran.
Am Ende der Einfahrzeit, meist nach 10 oder 20 Betriebsstunden, sollte der Motor zur In-

spektion gebracht werden. Es ist die wichtigste von allen Inspektionen, und sie ist maßgebend für die Lebensdauer der Maschine. Auch nach der Einfahrzeit muß ein Bootsmotor in regelmäßigen Abständen gewartet werden. Davon hängen im wesentlichen die Zuverlässigkeit und die erreichbare Anzahl der Betriebsstunden ab.

Einwintern von Außenbordern

Der Motor sollte am Ende jeder Saison einer vollständigen Inspektion unterzogen werden. War es die erste Saison für den Motor, und die Werkstatt hat die Inspektion nach der Einfahrzeit bereits durchgeführt, so können Sie die Inspektion vor dem Einwintern selbst durchführen. Am Ende der nächsten Saison sollte der Motor dann wieder in eine Fachwerkstatt gebracht werden. Einen Winter führen Sie die Inspektion durch und im nächsten Jahr lassen Sie die Inspektion durchführen.

Reinigung/Ausbessern von Lackschäden

Die Inspektion beginnt mit einer kompletten Reinigung des Motors, bei der der Kühlkreislauf mit Frischwasser gespült werden muß, wie unter dem Stichwort „Abwaschen" beschrieben. Nach der Reinigung sollten Sie die Lackschäden beseitigen. Danach müssen die Schmierstellen gefettet und der Motor mit Korrosionsschutzöl eingesprüht werden.

Brennraumkonservierung

Nach dem Entfernen der Zündkerzen können die Brennräume durch die Kerzenlöcher konserviert werden. Es gibt auf dem Zubehörmarkt spezielles Korrosionsschutzöl, das Sie über den Motor sprühen, aber auch zum Konservieren der Brennräume benutzen können. Eine andere schnellere, wenn auch nicht ganz so gründliche Methode ist es, den Motor noch einmal anzuwerfen und solange laufen zu lassen, bis die Vergaser leer sind. Bei dieser Methode wird der Motor von innen durch das Zweitaktöl konserviert, nicht so gut, wie durch das in die Kerzenlöcher eingesprühte Öl, aber besser als gar nichts.

Das Kraftstoffsystem

Lassen Sie den restlichen Kraftstoff aus den Vergasern ab, er kann Feuchtigkeit enthalten, die zu Korrosion führen könnte. Da sich die leichtflüchtigen Anteile des Kraftstoffs über die Wintersaison verflüchtigen und der Motor mit diesem alten Sprit in der nächsten Saison nur schwer anspringt und läuft, sollten Sie den Tank ausleeren. Den Kraftstoff können Sie bei Ihrer Fachwerkstatt oder Tankstelle abgeben. Metalltanks werden idealerweise mit abgeschraubtem Deckel und Füllstutzen nach unten gelagert, damit eventuell auftretendes Kondenswasser ablaufen kann. Kunststofftanks können auch mit Deckel gelagert werden.

Die Batterie

Falls Sie eine Batterie an Bord haben, sollten Sie sie vollständig entladen, beispielsweise mit einer Autolampe, und dann voll geladen, trocken und kühl einlagern. Entladen Sie Ihre Batterie nicht ganz, so macht es Sinn, sie einmal im Monat an ein Ladegerät anzuschließen, um im Frühjahr eine voll geladene Batterie einbauen zu können.

Viertakt-Außenborder

Bei Viertakt-Außenbordern kommen noch einige Punkte zur bisher beschriebenen Einwinterung dazu. Sie sind bei den Einbau-Benzinmotoren beschrieben. Gekennzeichnet sind die Arbeiten mit (AB).

Auswintern

Füllen Sie das Kraftstoffsystem auf und starten Sie den Motor in einem Testbecken oder mit der Manschette über den Kühlwasserschlitzen und angeschlossenem Wasserschlauch. Der erste Blick gilt dem feinen Kühlwasserkontrollstrahl des Motors, der unmittelbar nach dem Anlassen austreten muß. Kommt Wasser, lassen Sie den Motor einige Minuten mit etwa 1500/min laufen.

Die ersten Zündungen werden von starkem Qualm begleitet sein. Kein Grund zur Sorge, das ist nur das Öl, das zum Einwintern in die Brennräume gesprüht wurde. Nach kurzer Zeit sollte der Motor aber ohne nennenswerten Qualm rund laufen.

Einwintern von Einbau-Benzin- oder Dieselmotoren

Die in der Regel größeren Einbau-Motoren brauchen etwas mehr Aufmerksamkeit am Ende der Saison, als die Außenborder. Das ist auf das aufwendigere Kühlsystem und die Viertakt- beziehungsweise Einspritz-Technik der Dieselmotoren zurückzuführen.
In der Regel geben die Hersteller ein spezielles, von ihnen entwickeltes Programm zum Einlagern der Motoren heraus. Liegen Ihnen keine Informationen vor, sollten Sie in folgender Weise vorgehen. Abweichungen bei der Einwinterung von Benzin- oder Dieselmotoren sind gekennzeichnet; (B) gilt für Benzin und (D) gilt für Diesel. Fehlt die Kennzeichnung, gilt der Arbeitsschritt für beide Motorenarten.

Bevor das Boot aus dem Wasser genommen wird:

Motoröl- und Filterwechsel (AB)

1. Lassen Sie den Motor warmlaufen, so wird das Öl flüssig und kann gut ablaufen.
2. Schalten Sie die Maschine ab und lassen Sie das Öl herauslaufen. Hat Ihr Motor keine Ablaßschraube oder ist sie nicht zu erreichen, pumpen Sie das Öl mit einer Ölabsaugpumpe aus dem Motoren-Zubehör aus der Öffnung für den Ölpeilstab ab. Tauschen Sie den alten gegen einen neuen Ölfilter.
3. Drehen Sie die Ablaßschraube wieder rein, erneuern Sie vorher, soweit vorhanden, die Schraubendichtung. Befüllen Sie den Motor mit frischem, vom Hersteller empfohlenen Öl.

Wenn das Boot an Land ist:

Kühlsysteme

Unterschiedliche Kühlsysteme erfordern unterschiedliche Arbeiten bei der Einwinterung. Diese Arbeiten sollten Sie durchführen, wenn das Boot bereits aus dem Wasser ist. So wird ausgeschlossen, daß Wasser durch ein schadhaftes Kühlsystem ins Boot eindringt.

Motoren mit Seewasserkühlung

Die Kühlwasserleitungen von Motoren und Getrieben mit Seewasser- oder Einkreiskühlanlagen müssen mit Frischwasser gespült werden.

1. Schließen Sie die Saugleitung der Kühlwasserpumpe an einen Eimer mit Süßwasser an. Achten Sie darauf, daß der Impeller der Wasserpumpe nicht trocken läuft.
2. Lassen Sie den Motor einige Minuten laufen, um sicher zu gehen, daß Schlamm, Sand und Salzrückstände ausgespült werden.
3. Nach der Spülung mit Frischwasser stecken Sie den Ansaugschlauch in ein Gefäß mit Kühlerfrostschutzmittel und lassen dies dann durch den Motor laufen. Restwasser wird damit aus dem Motor gespült, und Sie verhindern Frostschäden.
4. Kontrollieren Sie (so vorhanden) den Seewasserfilter und reinigen Sie ihn.
5. Sind in Ihrem Kühlsystem Opferanoden eingebaut, kontrollieren Sie sie. Sind die Anoden bereits stark abgenutzt, tauschen Sie sie aus.
6. Ersetzen Sie alle zwei Jahre den Impeller Ihrer Kühlwasserpumpe. Auf Schäden muß er jedes Jahr kontrolliert werden. Haben Sie den Verdacht, daß Sand von der Pumpe

angesaugt wurde, sehen Sie sofort nach Ihrem Impeller. Bauen Sie den Impeller für die Einwinterungszeit aus.

7. Überprüfen Sie den festen Sitz aller Kühlschläuche und deren tadellosen Zustand.

Motoren mit Frischwasserkühlung

Motoren mit Frischwasser- oder Zweikreiskühlung haben zwei getrennte Kühlkreise. Meist sind Motorblock und Zylinderkopf frischwassergekühlt. Ölkühler, Wärmetauscher und bei einigen Motoren das Abgassammelrohr sind seewassergekühlt.

1. Konservieren Sie das Seewassersystem wie bei den seewassergekühlten Motoren.
2. Messen Sie mit einem Glykoltester den Kühlflüssigkeitsanteil Ihres Kühlwassers. Das Kühlwasser muß ausreichend gegen Einfrieren geschützt sein. Können Sie kein geeignetes Testgerät auftreiben, lassen Sie das Wasser sicherheitshalber aus dem Frischwasserkreislauf ab. Die Kühlflüssigkeit verliert mit der Zeit an Wirkung und sollte deshalb ohnehin jedes zweite Jahr ausgetauscht werden.
3. Bauen Sie den Kühlwasserthermostat aus und überprüfen Sie, in warmem Wasser, seine Funktion. Sie brauchen dazu ein Thermometer und die Betriebsanleitung, in der steht, bei welcher Temperatur der Thermostat öffnen soll. Bauen Sie den Thermostat wieder ein und ergänzen Sie eventuell ausgelaufene Kühlflüssigkeit.
4. Prüfen Sie, ob Schläuche des Kühlsystems versprödet oder nicht fest angeschlossen sind.

Das Kraftstoffsystem (B)

Entleeren Sie Ihr Kraftstoffsystem möglichst restlos. Da die leichtflüchtigen Benzinanteile sich über den Winter verflüchtigen würden und der Motor mit dem alten Sprit im Frühjahr nur schwer anpringt und schlecht läuft. Tauschen Sie den Kraftstoffilter aus und lassen Sie das Wasser aus dem Wasserabscheider der Benzinleitung, wenn Sie so etwas an Ihrer Maschine haben.

Das Kraftstoffsystem (D)

Befüllen Sie Ihr Kraftstoffsystem möglichst ganz, um Schwitzwasser in Tank, Leitungen und Einspritzpumpe auszuschließen. Tauschen Sie den Kraftstoffilter aus und lassen Sie das Wasser aus dem Wasserabscheider der Dieselleitung.

Brennraumkonservierung (B)

Drehen Sie die Zündkerzen heraus und sprühen Sie Korrosionsschutzöl in die einzelnen Brennräume.

Das Zündsystem

Reinigen Sie die Zündkabel und die Verteilerkappe und besprühen Sie diese Teile anschließend mit Feuchtigkeit verdrängendem Öl. Ersetzen Sie beschädigte oder abgenutzte Teile.

Luftfilter/Ansauggeräuschdämpfer

Ist Ihr Motor mit einem auswechselbaren Luftfiltereinsatz versehen, kontrollieren Sie ihn auf Verschmutzung und tauschen Sie ihn gegebenenfalls aus. Saubere Luftfilter helfen Kraftstoff sparen. Reinigen Sie den Ansauggeräuschdämpfer.

Reinigung der Maschine

Säubern Sie den Motor wie unter „Grundpflege der Einbaumotoren“ beschrieben.

Schmierstellen am Motor

Schmieren Sie alle Nippel und sonstigen Schmierstellen mit molybdänhaltigem Fett ab. Sprühen Sie Korrosionsschutzöl dünn über den Motor. Sorgen Sie für eine gute Belüftung des Motors über die Winterzeit, am besten lassen Sie die Motorluken offen.

Batterien
Bauen Sie die Batterien aus. Des weiteren s. unter „Außenborder".

Z-Antrieb/Getriebe
Auch bei Z-Antrieben gehört, wie bei Getrieben, ein Ölwechsel zur Einwinterung dazu. Lassen Sie das alte Öl ab und ersetzen Sie es durch vom Antriebs-/Getriebe-Hersteller empfohlenes neues.
Kontrollieren Sie die eventuell vorhandene Opferanode an Ihrem Antrieb, und tauschen Sie sie bei einer Abnutzung von über 50 % aus.

Auswintern
1. Stellen Sie die geladenen Batterien an Bord.
2. Setzen Sie einen einwandfreien Impeller in die Kühlwasserpumpe ein.
3. Kontrollieren Sie alle Keilriemen auf Risse und die richtige Spannung.
4. (B) Befüllen Sie das Kraftstoffsystem mit Benzin. (D) Entlüften Sie das Kraftstoffsystem, wie unter „Entlüften eines Dieselmotors" beschrieben.
5. Kontrollieren Sie alle Leitungen und Anschlüsse der Kühl- und Brennstoffsysteme, sehen Sie nach, ob alle Seeventile und Hebel in der richtigen Position stehen.
6. Bei Zweikreiskühlanlagen sollte der Kühlwasserstand nochmal überprüft und eventuell Kühlwasser aufgefüllt werden.
7. Prüfen Sie die Ölstände von Maschine und Antrieb/Getriebe.
8. Lassen Sie das Boot zu Wasser und vergewissern Sie sich, daß nirgends Wasser eindringt.
9. Starten Sie die Maschine. Sie sollte, wenn Sie alles richtig gemacht haben, nach wenigen Anlasserumdrehungen anspringen. Ist das nicht der Fall, beginnen Sie mit der Fehlersuche, wie beschrieben.

Die Pflege von Kunststoffrümpfen

Die meisten kleineren Sportboote bestehen heutzutage aus glasfaserverstärktem Kunststoff (GFK). Es erfordert wenig Arbeit, sie zu pflegen.

Spritzen Sie den Rumpf nach jeder Fahrt mit Frischwasser ab und reinigen Sie ihn mindestens zweimal im Jahr mit warmem Wasser und einem biologisch abbaubaren Spülmittel. Benutzen Sie die vom Handel angebotenen speziellen Bootscleaner, um hartnäckige Schmutzflecken zu entfernen, und bearbeiten Sie mindestens einmal im Jahr Ihr Boot mit einer Kunststoffpolitur, die kein Silikon enthalten darf.

Kleine Kratzer auf der Oberfläche können mit ganz feinem Naßschleifpapier angeschliffen und mit Schleif- und Politurpaste entfernt werden. Tiefere Kratzer müssen mit einer Zweikomponenten-Epoxid-Spachtelmasse (Epoxy-Filler) ausgebessert werden. Schneiden Sie die Ränder der Schadstelle rund und reinigen Sie

Gelegentliches Polieren mit Bootswachs hält eine Kunststoffhaut sauber und glänzend und erhöht den Wiederverkaufswert des Bootes.

sie mit Azeton, bevor Sie mit der Spachtelmasse rangehen. Tragen Sie die Masse dick auf und lassen Sie sie danach 24 Stunden durchtrocknen. Dann schleifen Sie die Stelle glatt.

Größere Schäden, bei denen womöglich die Festigkeit des Rumpfes in Mitleidenschaft gezogen ist, läßt man besser in einer Fachwerkstatt reparieren.

Die Pflege von Schlauchbooten

Moderne Schlauchbootfabrikate, auch solche mit einem festen Kunststoffboden, haben eine lange Lebensdauer. Sie müssen allerdings sorgfältig gepflegt werden. Nach jeder Fahrt, gleichgültig ob im Salzwasser oder im meist chemisch verunreinigten Süßwasser, muß das Boot mit Frischwasser ab- und ausgespült werden. Mit einem biologisch abbaubaren Spülmittel entfernt man Schlamm, Sand und angetrockneten Schmutz. Benutzen Sie klaren Spiritus oder Waschbenzin, um Öl- oder Teerflecken zu beseitigen und spülen Sie anschließend mit Frischwasser nach.

Luftdruck

Erst der richtige Lufdruck in den Kammern der Tragschläuche garantiert ungetrübten Fahrkomfort. Ist das Boot zu schwach aufgepumpt, beginnt der Bootskörper förmlich zu „walken“ – wie ein zu schwach aufgepumpter Autoreifen – und sich zu verwinden. Das verkürzt nicht nur die Lebensdauer des Bootes, sondern verursacht auch Scheuerstellen. Ein Manometer (Luftdruckmesser) ist deshalb für den Schlauchbootfahrer unerläßlich.

Bei starker Erwärmung dehnt sich die Luft in den Schläuchen aus, sie erscheinen zum Platzen prall. Einige Boote haben automatische Überdrucksicherheitsventile, bei anderen muß man gegebenenfalls von Hand etwas Luft ablassen. Bei Abkühlung beispielsweise auch bei einer Fahrt durch kaltes Wasser – werden die Schläuche schlaffer. Man muß nachpumpen.

Den Winter über sollte ein Schlauchboot, leicht aufgepumpt, an einem kühlen Ort – Garage oder Keller – gelagert werden. Zuvor müssen Sie es natürlich gründlich reinigen. Am besten mit einer milden Seifenlauge. Nachgespült wird mit Frischwasser. Soll das Boot zusammengelegt aufbewahrt werden, muß die Haut, vor dem Zusammenfalten, mit Talkum eingerieben werden. Wenn ein Boot monatelang zusammengefaltet liegt, erhöht das nicht gerade die Lebensdauer. Im übrigen sollten Sie sich unbedingt an die Betriebsanleitung des Herstellers halten.

Reparaturen

Eine Schlauchboothaut ist verletzlicher als eine Kunststoffhaut. Deshalb sollten Sie stets einen Reparaturset dabei haben. Eine Grundausstattung liefert der Hersteller (meistens) mit. Ein umfangreicheres, Ihren speziellen Wünschen entsprechendes Flickzeugsortiment erhalten Sie im Fachhandel.

Kleinere Beschädigungen lassen sich leicht flicken. Mit der folgenden Technik ist jeder Radfahrer vertraut:

1. Reinigen Sie die Oberfläche des Bootshaut mit Waschbenzin und markieren Sie das Loch.
2. Rauhen Sie die Oberfläche der Haut und die Innenfläche des Flickens mit Sandpapier auf. Blasen Sie den Staub weg. Je sorgfältiger beide Teile angerauht werden, desto fester halten sie nachher zusammen.
3. Tragen Sie den Kleber dünn auf beide Teile auf und warten Sie, bis er „fingerfest“ angetrocknet ist. Fingerfest heißt, bei Berührung

der Klebestelle mit dem Finger darf daran nichts mehr haften bleiben. Bei den heute verwendeten Klebern handelt es sich um sogenannte Kontaktkleber, die ihre Haltekraft erst beim Zusammenpressen zweier bestrichener Teile entwickeln.

4. Wenn die Flächen angetrocknet sind, pressen Sie Flicken und Schlauch mit allmählich zunehmendem Druck fest aufeinander.
5. Reiben Sie dabei den Flicken mit dem Daumen glatt. Arbeiten Sie sich von der Mitte zu den Rändern hin. So vermeiden Sie, daß unter dem Flicken Luftblasen bleiben. Um einwandfrei durchzuvulkanisieren, sollte die Klebestelle etwa drei bis vier Stunden nicht beansprucht werden. Nach einem Tag ist das Boot wieder voll strapazierfähig.

Die hauptsächlichen Gründe, weshalb ein Flicken nicht hält sind:

- Der Tragschlauch war feucht.
- Die Klebeflächen waren nicht trocken.
- Der Flicken war zu klein und lag nicht über der Lochmitte. Er sollte etwa 1,5 bis 2,0 cm größer sein als die eigentliche Schadstelle.
- Die Antrockenzeit des Klebstoff war zu kurz.

Größere Risse und Schnitte müssen fachmännisch repariert werden. Sie werden genäht und mit doppelten Flicken verklebt oder verschweißt.

Ventile

Ventile sind die wichtigsten und, bei häufigem Auf- und Abbau, auch stark beanspruchte Teile eines Schlauchbootes. Sie müssen unbedingt nach jeder Fahrt in Salzwasser mit Frischwasser – in geschlossenem Zustand – abgespült werden. Beim Aufbau, vor dem Einschrauben der Ventileinsätze, geben Sie etwas Silikonspray auf Dichtungen und Gewindegänge. Die Ventile werden es Ihnen mit langer Lebensdauer danken.

Einfache Standardventile können nach einiger Zeit undicht werden. Geben Sie in jede Schutzkappe etwas Fett und drehen Sie die Kappe fest zu. Das Fett versiegelt das Ventil.

Die Pflege des Trailers

Trailer bedürfen einer sorgfältigen Wartung, wenn sie lange halten sollen. Gehen Sie nach dem folgenden Wartungsprogramm vor:

1. Spülen Sie den Trailer nach jedem Slippen gründlich mit Frischwasser ab. Untersuchen Sie die Anhängerkupplung, U-Bolzen und alle Schraubverbindungen auf Schäden.
2. Fetten Sie den Kugelkopf und ziehen Sie die Handbremse normal an.
3. Kurbeln Sie das Stützrad herunter und fetten Sie es nach jeweils sechsmaligem Slippen.
4. Spülen Sie die Seilwinde mit Frischwasser ab und fetten Sie den Mechanismus oder sprühen Sie ihn mit wasserunterkriechendem Öl ein. Überprüfen Sie das Windenseil auf Roststellen oder Verschleiß. Gegebenenfalls müssen Sie ein neues Seil einziehen, oder besser ein Gurtband, das ist sicherer, muß aber auch regelmäßig auf Abnutzung und Scheuerstellen an den Nähten kontrolliert werden.
5. Kontrollieren Sie den Schnappschäkel am Windenseil oder Windengurt.
6. In regelmäßigen Abständen sollten Sie alle Muttern und Bolzen überprüfen und sie gegebenenfalls nachziehen.
7. Kontrollieren Sie vor jedem Aufslippen des Bootes, ob alle Auflagepratzen und Ablaufrollen in der richtigen Position sitzen. Sie arbeiten sich gerne los und verschieben sich. Der Rumpf kann beim Transport beschädigt werden, wenn er auf dem Trailer nicht richtig abgestützt wird.

Ein klemmendes Stützrad ist recht frustrierend. Dem kann man vorbeugen, indem man das Rad nach jeweils sechs Slipgängen herausnimmt und die Achse fettet.

Die Räder

Steht ein Trailer längere Zeit ungenutzt und ungewartet herum, können die Räder korrodiert sein, die Lager sich festgefressen, die Reifen Luft verloren und die Decken Risse bekommen haben. Gehen Sie bei der Wartung der Räder folgendermaßen vor:

1. Bevor Sie den Trailer für längere Zeit abstellen, sollten Sie die Innen- und Außenseite der Räder mit Kontaktspray einsprühen. Achten Sie darauf, daß bei angezogener Bremse kein Öl auf die Bremsbeläge tropft.
2. Sorgen Sie dafür, daß die Reifen immer den richtigen Luftdruck haben.
3. Fetten Sie die mit Schmiernippel versehenen Lager gut ein. Es gibt Trailer mit wasserdichten, mit Permanentfett gefüllten Radkappen, die verhindern, daß Salzwasser oder Sand in die Lager gelangt.
4. Bocken Sie den Hänger jeweils auf einer Seite auf und umfassen Sie oben den Reifen und rütteln Sie quer zur Laufrichtung daran. Haben die Räder Spiel, müssen Sie die Lager entweder nachstellen oder austauschen. Sie sollten stets Ersatzlager vorrätig haben.
5. Sorgen Sie dafür, daß die Reifen den Mindestanforderungen der jeweiligen Länder entsprechen, die Sie vielleicht mit Ihrem Gespann bereisen wollen. Kontrollieren Sie die Profiltiefe und ob die Reifen keinen ungleichmäßigen oder einseitigen Abrieb und den empfohlenen Luftdruck haben.
6. Sie sollten grundsätzlich ein Ersatzrad mitführen.

Bremsen

Überzeugen Sie sich vor jeder Fahrt, ob Auflaufbremse und Rückfahrautomatik einwandfrei funktionieren. Auf der Rückseite des Bremsschildes befindet sich eine Schraube oder ein Loch zum Nachstellen der Bremsen.

Reifenwechsel

Es ist gut, wenn man zum Radwechsel einen hydraulischen Wagenheber dabei hat. Damit kann man den Trailer samt Boot anheben, ohne ihn abzukuppeln. Zuvor die Muttern lösen. Wenn die Radbolzen, wie häufiger, festsitzen, helfen Rostspray und ein paar Schläge mit einem Hammer.

Beleuchtung

Man sollte unbedingt nach jedem Aufslippen kontrollieren, ob noch alle Lichter funktionieren. Auch auf einer längeren Überlandfahrt kann das zwischendurch mal nicht schaden. Es ist sinnvoll, Ersatzbirnen mitzuführen. Vielfach hat das Verbindungskabel an beiden Seiten einen Stecker. Der eine wird in die Steckdose des Zugwagens gesteckt, der andere in die Kupplung der Lichtleiste, damit man nicht immer

Den Windenmechanismus und das Windenseil regelmäßig auf Roststellen absuchen und mit Marineöl einsprühen, um Korrosion überhaupt zu vermeiden.

das ganze Kabel abzunehmen braucht. Um die Steckverbindungen vor Korrosion zu schützen, sollten die Kontakte regelmäßig mit Polfett eingefettet und mit Kontaktspray eingesprüht werden. Die Steckverbindungen sollen leichtgängig, aber rüttelfest sein. Damit beim Wenden oder in engen Kurven kein Zug auf das Verbindungskabel kommt, muß es etwas Lose haben, aber es darf selbstverständlich nicht so weit durchhängen, daß es auf der Fahrbahn schleift.

Sie sollten sich vom Trailerhändler einen Kabelplan der Steckverbindungen geben lassen. Vergißt man mal, das Verbindungskabel zum abgehängten Trailer zu lösen und fährt mit dem Wagen an, steht man womöglich vor einer Handvoll interessanter, bunter Litzen, die wieder korrekt angeschlossen werden sollen. Hat man keinen Kabelplan, sollte man die Steckdose am Zugwagen öffnen und die Nummern (Klemmenbezeichnungen) der Kontakte und die dazugehörenden Farben der einzelnen Litzen in dem Anschlußkabel notieren. Dann ist man – hoffentlich – in der Lage, den Stecker wieder richtig anzuschließen.

Der beste Rat für jemanden, der wirklich lange Freude an seinem Trailer haben will, ist der: ihn einmal im Jahr, zum Saisonende, in einer Fachwerkstatt zünftig überholen zu lassen.

Bitte beachten Sie die folgenden Seiten.

Ramon Gliewe
Besser fahren mit dem Motorboot
Ein Buch, das alle Fragen beantwortet in Bezug auf die Fahrpraxis, die richtige Motorisierung und andere technische Einrichtungen und das dem Schlauchbootfahrer ebensoviel bietet wie dem Eigner einer Motoryacht.
184 S. mit 350 farb. Abb.
ISBN 3-7688-0618-9

Hans Donat
Außenborder auf Yachten
pflegen - warten - reparieren
Wartung und Handhabung von Motoren von 1-250 kW, mit Tipps für Notreparaturen und sachgemäßes Überwintern.
200 S. mit 250 Abb., 13 Störungstabellen u. 18 Schaltplänen
ISBN 3-7688-0742-8

Hans Donat
Dieselmotoren auf Yachten
pflegen - warten - reparieren
Eine technische Hilfe zur Wartung von Dieselmotoren mit Tipps für Not- und Behelfsreparaturen.
200 S. mit 147 Abb.,
30 Störungstab. u. 25 Schaltpl.
ISBN 3-7688-0691-X

Hans Donat
Bootsmotoren
Benzin und Diesel
Eine gründliche Hilfe für Kauf, Fahren, Pflegen und Reparieren eines Einbau-Diesel- oder Ottomotors.
192 S. mit 104 Zeichn.
u. 19 Tabellen
ISBN 3-87412-102-X

Peter White
Der Außenborder
Funktion, Wartung und Reparatur
Eine anschauliche Einführung in Technik, Handhabung und Pflege von Außenbordern.
112 S. mit 135 Fotos u.
12 zweifarb. Abb.
ISBN 3-7688-1096-8

Unser aktuelles Gesamtverzeichnis ist erhältlich beim
Delius Klasing Verlag,
Postfach 101671,
33516 Bielefeld.

DELIUS KLASING

Gas geben mit Köpfchen

Mit dem Motorboot einfach drauflosschippern und die schönsten Buchten entdecken, wer möchte das nicht? Aber Gasgeben allein genügt nicht: fundiertes Wissen ist die beste Basis für mehr Spaß auf dem Wasser. Diese Bücher rund um den Motorbootsport geben Anfängern und gestandenen Skippern wertvolle Tipps für die Praxis und stehen im Buch- und Fachhandel.

Heinz Overschmidt / Ramon Gliewe
Sportbootführerschein
Binnen – Motor
Mit offiziellen Prüfungsfragen
Für alle, die nur den Motorbootführerschein brauchen.
120 S. mit 160 farb. Abb.
ISBN 3-7688-0658-8

Sportbootführerschein
Binnen – Motor
Die amtlichen Prüfungsfragen und -antworten für Übungszwecke
25 Fragebogen farbig u. 25 Antwortbogen, Format DIN A4, in Mappe
ISBN 3-7688-0707-X

Heinz Overschmidt / Axel Bark
Sportbootführerschein See
Mit amtlichem Fragenkatalog
Für den Führerschein für Boote mit Motor auf den Seeschifffahrtsstraßen.
Inkl. Zusatzprüfung über Seenotsignalmittel.
184 S. mit 365 meist farb. Abb. u. 20 farb. Seekarten-Ausschnitten
ISBN 3-7688-0736-3

Sportbootführerschein See
Die amtlichen Prüfungsfragen und -antworten für Übungszwecke
20 Fragebogen farbig u.
20 Antwortbogen, Format DIN A4, in Mappe
ISBN 3-7688-0737-1

DELIUS KLASING